Machado de Assis
O enigma do olhar

Machado de Assis
O enigma do olhar

Alfredo Bosi

Copyright © 2007, Livraria Martins Fontes Editora Ltda.,
São Paulo, para a presente edição.
Copyright © 2020, Editora WMF Martins Fontes Ltda.,
São Paulo, para a presente edição.

1ª edição 2000 (Editora Ática)
4ª edição, revista pelo autor 2007
5ª edição 2020

Acompanhamento editorial
Helena Guimarães Bittencourt
Revisões
Ana Maria de O. M. Barbosa
Luzia Aparecida dos Santos
Dinarte Zorzanelli da Silva
Produção gráfica
Geraldo Alves
Paginação
Moacir Katsumi Matsusaki
Capa
Gisleine Scandiuzzi
Foto de capa
Marc Ferrez / Gilberto Ferrez.
Acervo Instituto Moreira Salles

Dados Internacionais de Catalogação na Publicação (CIP)
(Câmara Brasileira do Livro, SP, Brasil)

Bosi, Alfredo
  Machado de Assis : o enigma do olhar / Alfredo Bosi. – 5. ed.
– São Paulo : Editora WMF Martins Fontes, 2020.

  ISBN 978-65-86016-17-8

  1. Romance 2. Assis, Machado de, 1839-1908 – Crítica e
interpretação I. Título.

20-40895   CDD-868.98

Índices para catálogo sistemático:
1. Escritores brasileiros : Análise crítica :
Literatura brasileira : 868.98

Iolanda Rodrigues Biode – Bibliotecária – CRB-8/10014

Todos os direitos desta edição reservados à
Editora WMF Martins Fontes Ltda.
Rua Prof. Laerte Ramos de Carvalho, 133 01325-030 São Paulo SP Brasil
Tel. (11) 3293-8150 e-mail: info@wmfmartinsfontes.com.br
http://www.wmfmartinsfontes.com.br

Sumário

O enigma do olhar
7

A máscara e a fenda
73

Uma figura machadiana
127

Uma hipótese sobre a situação
de Machado de Assis na literatura brasileira
149

Materiais para uma genealogia
do olhar machadiano
165

Nota bibliográfica
233

Nota do autor
235

Nota à 4.ª edição
237

O enigma do olhar

Sócrates: E uma cor será semelhante a uma cor, meu genial amigo; pois, ao menos enquanto ela é, sempre e em toda parte, uma cor, não conotará nenhuma diferença; não obstante, todos sabemos que do negro ao branco vai não só diferença, mas uma oposição absoluta. De todo modo, uma figura é semelhante a uma figura. Falando por gêneros, de fato, o todo que essas figuras formam é uno, mas nem por isso as partes desse todo são menos absolutamente contrárias, ou estão carregadas de um número ilimitado de diferenças, encontrando-se também muitas outras coisas que apresentam este mesmo contraste.

PLATÃO, Filebo, 12e

L'imagination ne saurait inventer tant de diverses contrariétés qu'il y en a naturellement dans le coeur de chaque personne.

LA ROCHEFOUCAULD, Maximes, 478

Por que escrever ainda sobre o significado da ficção machadiana? Um século de leituras já não terá descido ao fundo da questão, examinando-a pelos ângulos biográfico, psicológico, sociológico, filosófico, estético? Não seria o caso de revisitar essa ampla e díspar bibliografia que já conta com intérpretes notáveis pela argúcia e erudição, em vez de tentar, uma vez mais, decifrar enigmas que já estariam afinal aclarados?

A empresa, confesso, também a mim me pareceu às vezes temerária; mas, se a ensaio de novo, ciente dos riscos que a envolvem, é porque, lidos os melhores estudos sobre Machado, advirto ainda um misto de insatisfação cognitiva e desconforto moral. E, voltando pela enésima vez aos seus romances e contos, sempre me aparece um hiato entre os conceitos da crítica e as figuras do texto-fonte. Talvez esse intervalo seja mesmo infranqueável, se *individuum est ineffabile*. No entanto, tudo está em diminuí-lo até os limites do possível, e procurar responder à questão crucial: o que teria ainda escapado às malhas largas do sociologismo, mas tampouco se conteria nas malhas finas da estilística psicológica?

Dizem que a formulação justa de um problema já é meio caminho andado para resolvê-lo. Em nosso caso, trata-se de entender o olhar machadiano, o que é um modo existencial de lidar com a perspectiva, a visão do narrador, o ponto de vista ou, mais tecnicamente, com o foco narrativo.

Olhar tem a vantagem de ser móvel, o que não é o caso, por exemplo, de *ponto de vista*. O olhar é ora abrangente, ora incisivo; o olhar é ora cognitivo e, no limite, definidor, ora é emotivo ou passional. O olho que perscruta e quer saber objetivamente das coisas pode ser também o olho que ri ou chora, ama ou detesta, admira ou despreza. Quem diz olhar diz, implicitamente, tanto inteligência quanto sentimento[1].

---

[1]. Estendi-me sobre o tema em "Fenomenologia do olhar", em A. Novais (org.), *O olhar*, São Paulo, Companhia das Letras, 1988.

O que se tem até hoje como consenso é a qualificação da perspectiva de Machado de Assis por meio de epítetos negativos: cética, relativista, irônica, sardônica, sarcástica, pessimista, demoníaca. Os leitores sensíveis à pátria decorosa da sua escrita compensam a negatividade da impressão geral com atributos de atenuação que, afinal, sempre remetem ao fundo escuro que estaria sendo matizado: estilo diplomático, contido, medido, civilizado, mediador. Um olhar que morde e assopra. Primeiro morde: o barro comum da humanidade (a expressão está em *A mão e a luva*), embora comum, é sempre barro. Depois, assopra: o barro, sendo barro, é afinal comum a todos.

Negação e atenuação. Gesto crítico e tom concessivo. O equilíbrio entre os dois modos de olhar parece o do terrorista que precisa fingir-se de diplomata; ou o do diplomata que não esquece a sua outra metade, oculta, de terrorista. É o Machado que sai da leitura do seu testamento moral e literário, o *Memorial de Aires*.

Mas a descrição não contém ainda a interpretação, embora seja a sua honestidade, como disse Delacroix do desenho em relação à pintura. A descrição reconhece e mapeia as visadas distintas de um olhar que não queria perder nenhuma dimensão essencial do seu objeto; mas, como toda análise, requer o momento da compreensão.

O objeto principal de Machado de Assis é o comportamento humano. Esse horizonte é atingido mediante a percepção de palavras, pensamentos, obras e silêncios de homens e mulheres que viveram no Rio de Janeiro durante o Segundo Império. A referência local e histórica não é de somenos; e para a crítica sociológica é quase-tudo. De todo modo, pulsa neste *quase* uma força de universalização que faz Machado inteligível em línguas, culturas e tempos bem diversos do seu vernáculo luso-carioca e do seu repertório de pessoas e situações do nosso restrito Oitocentos fluminense burguês. Se hoje podemos incorporar à nossa percepção do social o olhar machadiano de um século atrás, é porque este olhar foi penetrado de valores e ideais cujo dinamismo não se esgotava no quadro espaço-temporal em que se exerceu. Largo e profundo é, portanto, o campo do "quase" naquele quase-tudo.

De resto, por que Machado só poderia ter juízos de valor e ideais derivados *imediatamente* do regime paternalista dos meados do século XIX na cidade do Rio de Janeiro? Por acaso a luz deriva dos objetos iluminados por ela? A historicidade que penetra os processos simbólicos é mais aberta e complexa do que o "tempo do relógio", que só mede a conjuntura relativa à contingência biográfica do autor. A historicidade em que se inscreve uma obra de ficção traz em si dimensões da imaginação, da memória e do juízo crítico. Valores culturais e estilos de pensar configuram a visão do mundo do romancista, e esta pode ora coincidir com a ideologia dominante no seu meio, ora afastar-se dela e julgá-la. *Objeto do olhar* e *modo de ver* são fenômenos de qualidade diversa; é o segundo que dá forma e sentido ao primeiro.

A insatisfação, que mencionei linhas atrás, vem dos limites mesmos das tendências simplificadoras (enquanto sincronizadoras) com que tantas vezes se lêem os modos pelos quais o narrador qualifica as suas personagens.

Creio que se faça aqui necessária uma abordagem flexível, plural, interessada não só no mesmo e no típico, mas também na diferença e na singularidade. Porque os objetos do olhar narrativo são descontínuos, e são diversas as maneiras de encará-los: a intencionalidade do autor desloca-se, e é preciso acompanhar cada uma das suas visadas.

Começo pelo degrau inferior, mais longo e mais largo que os demais. Machado se compraz na mimese incisiva de certos tipos representativos de uma sociedade como a do Segundo Império, repartida *grosso modo* em proprietários, funcionários, agregados e escravos. É a quota do seu realismo, em senso estrito, apontado e louvado como materialista por um dos pioneiros da crítica marxista entre nós, o militante Astrojildo Pereira. A sua estimável coletânea de estudos machadianos, que timbra pela coerência ideológica, concentra-se toda na idéia da *tipicidade* das personagens. Um dos seus apoios teóricos, o ortodoxo Plekhanov, é citado em abono da tese da arte como reflexo da sociedade:

"A psicologia das personagens adquire enorme importância aos nossos olhos, exatamente porque é a psicologia de classes sociais inteiras, ou pelo menos de certas camadas sociais; e, sendo assim, podemos verificar que os processos que se desenvolvem na alma das diferentes personagens são o reflexo conseqüente do movimento histórico a que pertencem" (*L'art et la vie sociale*, Ed. Sociales, 1953, p. 216). Comenta Astrojildo Pereira: "Eis aí uma boa chave para a compreensão das íntimas conexões que existem entre a obra de Machado de Assis e a história social do tempo que ele reflete."[2]

A tipicidade repropõe-se em outro estudioso de Machado, o ensaísta Raymundo Faoro. Aqui, porém, em vez de um fiel arauto da esquerda histórica, temos um liberal-

---

2. Em *Machado de Assis. Ensaios e apontamentos avulsos*, 2ª ed., São Paulo, Oficina de Livros, 1991, p. 93.

democrata forrado de sociologia weberiana. *Machado de Assis: a pirâmide e o trapézio* é um alentado recenseamento das personagens do romancista. E, como todo censo feito com pessoas físicas, o levantamento não prescinde da espinha dorsal da pesquisa demográfica: a classificação. Classes sociais, grupos de *status*, camadas ou estamentos, corporações militares, maçônicas ou religiosas; fazendeiros, negociantes, banqueiros, políticos, funcionários e empregados; comendadores e conselheiros do Império..., estas seriam as peças do sistema, as marcas de identidade que explicariam, pela dinâmica dos seus interesses, os comportamentos públicos e as intenções secretas da vasta população observada pelo bruxo de Cosme Velho.

Raymundo Faoro, compondo o seu largo painel funcionalista, cumpriu, sem que fosse este o seu intuito ideológico, a proposta de Astrojildo Pereira: situar cada personagem no seu respectivo nicho social. A teoria do reflexo não encontrou entre nós uma aplicação mais sistemática. Literatura é espelho. O signo é transparente. Os olhos do romancista refletem os objetos da sua observação. Quanto à estilização, é um trabalho sobre o típico no plano literário: "A estilização fixa algumas condutas constantes, repetições de relações sociais e as traduz em modelos."[3]

Mas ao fim deste vasto exemplário de partes e subpartes de um conjunto historicamente dado – de que a narrativa seria documento –, atrai a nossa atenção a sensibilidade de Faoro à presença de um veio diferenciador, que ele chama "cultural", e que corrigiria o enfoque dominante ao longo do ensaio. A entrada tardia desse novo

---

3. Em *Machado de Assis: a pirâmide e o trapézio*, São Paulo, Nacional, 1974, p. 505.

fator, que lhe teria dado uma dimensão também nova, pela qual consciência e objeto não se espelhariam mas se enfrentariam, não agiu, porém, como método operante no fazer-se da interpretação. Caso um culturalismo aberto e livre tivesse presidido à composição do estudo, muito se poderia esperar de um tópico intitulado "O moralismo em conflito com a história e a sociologia" (pp. 495-500). Que ao menos fique a promessa contida nessa formulação dialética à qual valeria a pena voltar.

Igualmente sistemática, mas rente às modulações de cada fala, de cada situação narrada e de cada intervenção do narrador, é a obra crítica notável de Roberto Schwarz, a mais atenta inspeção do romance de Machado feita pela ótica da sociologia do texto literário. A tipificação, de cunho lukacsiano, impõe-se também, mas refina-se e complica-se. As bases da interpretação e o seu horizonte são macrossistemas ideológicos: o paternalismo, ou regime de favor, que alegoriza o atraso em relação à Europa; e o liberalismo, ou regime da autodeterminação individual, que remete à modernidade. O regresso e o progresso se incrustariam nas mentes e nos corações das personagens, guiariam os enredos e ilustrariam as entradas discursivas do narrador. A mensuração dos valores é recorrente. O tradicionalismo, o familismo estreito, a superstição, a hipocrisia (ou o seu avesso, o cinismo), a abjeção, em suma, pesariam de um lado. O progressismo, a autonomia do sujeito, o racionalismo, a irreverência desabusada, a modernidade libertadora, redimiriam o outro lado. A oposição, trabalhada analiticamente em *Ao vencedor as batatas*, obra voltada para os romances da primeira fase, mostraria a sua face mais dúctil na análise das *Memórias póstumas de Brás Cubas* (em *Um mestre na periferia do capitalismo*) para, enfim, agudizar-se e converter-se em esquema maniqueísta na leitura de Bento e Capitu que constitui o cerne de "A poesia envenenada de Dom Casmurro", levando o crítico à condenação do ciumento, enquanto retrógrado e proprietário, e ao elogio da acusada, emblema da modernidade[4]. Este resumo não dá conta da riqueza das observações psicológicas e morais que pontuam os textos densos de Roberto Schwarz: apenas confirma a vigência da concepção tipológica da personagem ficcional, que é comum às leituras sociológicas, sejam estas evolucionistas, weberianas ou lukacsianas, estejam sós ou variamente combinadas.

O que a sociologia determinista da literatura faz é uma operação até certo ponto simples de raciocínio generalizante. O pressuposto é conhecido: os tipos sociais existem, absolutamente, fora e dentro do texto. Se o autor transpôs para o plano do simbólico alguns esquemas de conduta que se encontram previamente na sociedade (sinônimo, aqui, de "realidade"), por que não conceber toda a esfera da obra ficcional como uma vasta rede tipológica? A teoria do reflexo não pede outra coisa à literatura: o externo que vira interno é considerado por Lukács a pedra de toque do pensamento materialista.

Acontece que, no romance de Machado de Assis, só aquele primeiro degrau, posto que longo e largo, se ajusta como a mão à luva a essa reduçao. É o degrau em que se assentam, entre outros, Viana, Batista, Antunes, Camargo, Procópio Dias, Lobo Neves, Cotrim, Palha e Nóbrega,

---

4. Roberto Schwarz, *Ao vencedor as batatas*, São Paulo, Duas Cidades, 1977; *Um mestre na periferia do capitalismo*, São Paulo, Duas Cidades, 1990; "A poesia envenenada de Dom Casmurro", em *Duas meninas*, São Paulo, Companhia das Letras, 1997.

ou seja, o parasita, o bajulador confesso, o hipócrita profissional, o calculista, o cínico, todo aquele que pretende gozar, aqui e agora, o fruto das suas manobras. No conjunto, é o cadinho familiar, devidamente ampliado, do menino Brás Cubas que, já adulto e morto, o evoca sob o rótulo de "vulgaridade de caracteres". E vulgo é, por definição, a maioria absoluta. São homens e mulheres encontradiços no Brasil Império, que tem avatares literários na comédia e na sátira, não por acaso incluídas por Hegel entre as figurações do prosaísmo. Machado encontrou-os, aos pedaços ou inteiros, no seu convívio com homens e mulheres que se agarravam como podiam, com unhas e dentes, à própria sobrevivência social. Haverá algo de darwiniano em toda essa concepção da existência humana: é o universal animalesco que estaria dentro de cada um de nós; daí o embate contínuo pela preservação moldado sobre a luta biológica: quem não pode ser leão, seja raposa. Maquiavel, fundador da ciência política moderna (o atributo é elástico remontando ao século XV...), já esculpira de modo exemplar ambas as faces da conjunção natureza-sociedade: a leonina dos fortes e a vulpina dos astutos. Fora delas, o risco do malogro e da obscuridade ronda todos quantos não se adaptam à selva social. E é preciso fugir da obscuridade, lembram todos os conselheiros machadianos. Os tipos cínicos (quando estão por cima) e hipócritas (quando estão por baixo) não querem senão manter-se no degrau que já alcançaram ou que lhes foi concedido pela fortuna. O importante é assegurar-se e, já que a metáfora animal lhes convém, acrescentaria que, além de leão e raposa, lhes quadra a imagem do camaleão. E quem acusará o camaleão de mudar a cor da pele para sobreviver? Assim, a naturalização da sociedade que, na sátira, serve de crítica à ferocidade das relações humanas, traz em si mesma um limite à denúncia, pois o que é natural e fatal se dá aquém do juízo ético.

A originalidade de Machado está em ver por dentro o que o naturalismo veria de fora. Os seus tipos são e não são parecidos com os dos seus contemporâneos Eça de Queirós e Aluísio Azevedo, brilhantes traçadores de caricaturas. Vejo, nessa diferença, as potencialidades dos discursos ficcionais que, mesmo se colocados sob o signo do Realismo histórico, não se deixam enrijecer em categorias. O cínico e o hipócrita, figuras recorrentes nas estruturas sociais assimétricas, acabam merecendo, quando avaliados por dentro, ao menos a complacência de um olhar ambivalente. Barro sim, mas barro comum à humanidade e do qual todos somos feitos, eles vacilam um pouco (só um pouco) antes de se renderem ao puro interesse, e depois racionalizam, emprestando à argila mole da consciência alguma forma socialmente aceitável. Esta é, no fundo, a reflexão de Machado ao justificar a hipocrisia de Guiomar no trato com a sua protetora, em *A mão e a luva*.

A condenação que o puro *ethos* romântico fizera recair sobre os tipos sociais escarrados (caso dos vilões de Herculano e de Alencar) alivia-se, embora não de todo, quando Machado lhes concede a escusa da necessidade. Eis o álibi que deveria emudecer os corações indignados. O mal é explicável, logo passível de juízos atenuantes sempre que é tido por *mal necessário*, fórmula que já virou lugar-comum no jargão do conformismo ilustrado. Que fazer, se as coisas são assim e se os homens precisam agir assim para sobreviver? O olhar lúcido pode ser também um olhar concessivo, desde que aceite o jogo onde têm maior força o destino e as circunstâncias.

A leitura mais convincente, nessa ordem de razões, é ainda a de Lúcia Miguel-Pereira[5], que mostra como o jovem Machado foi elaborando, no corte de suas personagens femininas, a justificação do cálculo, o reconhecimento de que "a segunda natureza é tão legítima e imperiosa quanto a primeira". A moça perspicaz e determinada, que busca firmemente a realização do seu projeto matrimonial e, por tabela, patrimonial, é vista com singular complacência em *A mão e a luva* e *Iaiá Garcia*. A jovem que soube no momento azado ocultar os seus planos é como que alçada e promovida a um grau mais alto na escala das personagens e não se confunde com os figurantes do primeiro degrau, pois, tratando de Guiomar ou de Iaiá, o narrador fará penetrar na câmara escura do sujeito a consciência da necessidade onde brilha o raio da autodeterminação. Nesse processo a dialética interna de tipo e pessoa começa a esboçar-se, e com ela o juízo de assentimento do demiurgo ficcional que do barro comum fez Adão e toda a sua descendência.

Guiomar, embora viva sob a tutela da madrinha baronesa, não escolherá para marido o homem que esta prefere: levantará os olhos para outro pretendente, ambicioso como ela e por isso mais promissor e apetecível. A tática e o seu acerto prático serão objeto da discreta apologia do narrador, que neles vê a vigência da segunda natureza, a instância do social, estilizada mais tarde na *alma exterior* do conto "O espelho".

Iaiá Garcia, movida inicialmente pelo desejo de salvar o pai da sombra de um adultério (que a antiga paixão da

---

5. Em *Machado de Assis. Estudo crítico e biográfico*, Rio de Janeiro, José Olympio, 1955, pp. 173-85.

sua madrasta por Jorge poderia favorecer), empreende a conquista deste último e usa de todas as suas artes femininas para vencer. Efetivamente Iaiá triunfa e se casa com o rico herdeiro de Valéria, que, de resto, já a dotara: será muito feliz e dará o nome ao romance, como se fora, *par droit de conquête*, a protagonista do enredo.

O fato de essas figuras voluntariosas e autocentradas serem mulheres – e não arrivistas stendhalianos ou balzaquianos – foi interpretado como obra de disfarce, de raiz autobiográfica, pelo qual o Machadinho dos anos 70 em plena ascensão convertia e sublimava a sua própria escolha existencial. O medo à obscuridade o teria levado a renegar o passado e a aproveitar, sem mancha de desonra, as ocasiões de subir apropriadas ao seu mérito, e a viver, enfim, assegurado e seguro, nos degraus intermédios da hierarquia social. Essa leitura psicossocial de Lúcia Miguel-Pereira tem sólido poder de persuasão. Do ponto de vista em que se articulam as hipóteses do presente ensaio, conviria ainda pesar a diferença entre o tratamento que Machado acabou dando àqueles seus tipos menores de sátira rasteiramente aduladores ("a vulgaridade dos caracteres") e o seu modo de figurar essas jovens empenhadas na luta por um lugar menos modesto à sombra da burguesia fluminense. A absorção do natural (as graças do sexo) pelo social (o cálculo da pessoa que joga para vencer) lhes dá o poder irresistível de nocautear o adversário com as tradicionais luvas de pelica.

Jorge, a certa altura do romance, sentiu no braço os dedos de Iaiá: eram dedos de ferro, sinal de que o corpo e a mente da moça estavam unidos no mesmo combate leonino e vulpino. Diversamente de Pascal, que, ainda cartesiano e clássico, tendia a crer na supremacia do *habitus* mental afirmando que "o costume, segunda natureza, destrói a primeira" (*Pensées*, 120), Machado prefere a idéia da fusão: "as duas naturezas não se contrariam, completam-se, são as duas metades do homem". Desejo e interesse não se dissociam. A natural candura e a perfeita dissimulação aparecem juntas, quando necessário e mais de uma vez, no laboratório do analista.

A força da paixão é um dado nuclear na construção dessas personagens. Desprovidas do seu ímpeto e garra, decairiam à condição unilateral de tipos interesseiros. Pois elas não têm apenas interesses: têm desejos, ou, melhor ainda, têm os interesses dos seus desejos; e assim como o narrador não cairá no naturalismo grotesco das caricaturas de Aluísio, tampouco retomará o estereótipo ultra-romântico da donzela frágil e assexuada peculiar à geração literária que precedeu à sua estréia de romancista. Iaiá, no último livro da primeira fase, e Sofia e Capitu, nas obras-primas da maturidade, atraem para o texto machadiano as metáforas inequívocas de *eros* e as reações igualmente poderosas de despeito e cólera que sobrevêm ao desejo contrariado. Seus olhos serão olhos-ondas tragadores de homens vivos e mortos, e junto com os olhos virão espáduas e braços nus, colos magníficos, seios fartos, corpos bem-feitos, bem conscientes do seu poder de sedução, e até joelhos, limite acariciado pelo lúbrico Palha, meio marido, meio proxeneta, na triste mascarada de *Quincas Borba*.

Na figuração dessas mulheres o narrador admira o seu vigor espontâneo e indomável, sentimento que se afina com certos veios culturais de longa duração no complexo da literatura ocidental. Veios que se reconhecem desde as descrições renascentistas emersas da experiência da carne e dos nervos, livres recriações do erotismo grego e romano, e decerto muito anteriores a qualquer norma ideológica, dita liberal avançada, a rigor não interiorizada nem, muito menos, generalizada no Brasil Império. Veios que afloraram prazerosos em Boccaccio, mas não em Petrarca; em Ariosto e em Maquiavel, mas não em Tasso nem nos líricos petrarquizantes do seu tempo; em Molière, mas não em Corneille, e só tragicamente em Racine; em Diderot e em Goethe, mas não em Schiller nem em Novalis; mais em Musset do que em Lamartine ou em Vigny. E sem rebuços nos modelos próximos, Stendhal e Baudelaire, Flaubert e Eça. Machado inclinou-se, discreta e firmemente, para as vertentes literárias não-sublimadoras da representação da mulher, que no Brasil já se haviam ensaiado em uma ou outra ousadia de Álvares de Azevedo e no Alencar de *Lucíola* e *Senhora*. Discretamente, mas vendo sempre no impulso egótico e no prazer lúdico de vencer as molas de mais de uma personagem feminina[6].

Retomando os textos-fonte: a paixão de Iaiá por Jorge a faz "dúctil e interessada"; e "naquele corpo franzino e terno havia uma alma capaz de encravar a roda do destino". A moça, respondendo a uma pergunta sobre o dia do seu casamento (ela, que nem namorado ainda tinha), afirma com vigor: "O dia não sei. E depois de uma pausa: – Mas que se há de fazer é certo. Ou eu não sou quem sou."

Sofia e Capitu têm robustas inclinações dos sentidos, exercem galhardamente os seus dotes, irritam-se e despicam-se muito naturalmente quando topam com

---

[6]. Ver, a respeito, as finas observações de Augusto Meyer no artigo "Da sensualidade na obra de Machado", texto que ganha relevo quando lido em conexão com o retrato que o crítico-artista fez de Capitu (em *Textos críticos*, São Paulo, Perspectiva, 1986, pp. 213-24).

óbices, e mantém-se de todo coerentes, corpo e alma, com os seus respectivos projetos de vida. Ambas, cada uma a seu modo, almejam a plena inserção na sociedade conservadora onde vivem; sociedade em que o capital se vale comodamente do trabalho escravo, e que, pelo ângulo das relações de dependência, poderá qualificar-se de paternalista. Em ambas, a primeira natureza revela-se na força dos instintos e na pronta irascibilidade. A segunda natureza, que completa a primeira e nesta se enxerta fundo, as torna, nos momentos difíceis, reconcentradas, reflexivas, atiladas, capazes de disfarces rápidos, certeiras na invenção de expedientes. Não vejo, rigorosamente, exemplos de modernidade nem de avanço histórico nessa fusão de instinto e sagacidade, pois os fins colimados, os valores que norteiam as suas expressões ou silêncios, são, como se depreende do vetor narrativo, a sobrevivência e, mais ainda, a *ascensão dentro das expectativas do mesmo sistema* em que interagem todos, conquistadores e conquistáveis, os que ainda não chegaram à sua meta e os que já estão instalados[7].

---

7. A leitura que faço de Capitu, aproximando-a de outras personagens femininas de Machado, é diferente da que está exposta no ensaio de Roberto Schwarz, "A poesia envenenada de Dom Casmurro" (cit.). O crítico atribui à "modernidade" de Capitu as suas expressões de paixão e sagacidade, contrapondo-as simetricamente ao caráter de Bentinho, que seria paternalista, logo atrasado, ciumento, vingativo e, para tudo dizer, abjeto. A meu ver, ocorre, nesse ajuizamento, uma sobreposição de traços ideológicos e tipológicos a um contraste em que pesaram sobretudo certas diferenças individuais que um mesmo sistema social comporta; diferenças em que se comprazia o olhar machadiano. Convém observar que a família de Capitu nunca foi agregada nem dependente da família de Bento Santiago. Tampouco há traços de preconceito de classe na relação de Dona Glória com Capitu.

Capitu, em plena lua-de-mel, mostra-se impaciente e quer descer da Tijuca para a cidade. Apenas sete dias eram passados de vida amorosa a sós, e já ansiava por publicar o seu estado de casada: "A alegria com que pôs o seu chapéu de casada, e o ar de casada com que me deu a mão para entrar e sair do carro, e o braço para andar na rua, tudo me mostrou que a causa da impaciência de Capitu eram os sinas exteriores do novo estado. Não lhe bastava ser casada entre quatro paredes e algumas árvores; precisava do resto do mundo também."

As insígnias de *status*, "os sinais exteriores do novo estado", são a alma exterior: aqui é Bento quem a descreve. No "Espelho", será o alferes. Em ambos os textos, é Machado de Assis.

Neste segundo degrau, o tipo comum da mocinha bonita e viva que o "equívoco da fortuna" fizera nascer em berço modesto, se enriquece e se personaliza pela ação de uma vontade potente. A densidade da personagem vem precisamente da ênfase que o narrador dá à força dos seus instintos e do seu querer, ou seja, à plena expressão da primeira natureza, metade do ser humano. E é no coração da escrita ficcional, no uso da imagem e da metáfora, que o escritor explora essa verdade de sangue e nervos, mola do enredo.

Metáfora e tautologia no processo de individuação

Para a construção do tipo, com toda a "vulgaridade dos caracteres" que implica, bastava ao narrador o desenho dos gestos que se repetem. Bastava-lhe o esquema que abstrai da empiria certos traços definidores, como fez a mao de Iaiá desenhando com crueldade de adolescente talentosa a caricatura de Procópio Dias, vilão do romance. Mas "na imagem", diz Goethe, "a idéia se faz inexaurível". À medida que a personagem supera a tipificação, mediante o escavamento das suas peculiaridades, são as imagens e as metáforas que servem melhor ao processo da representação, liberando-a do risco da fôrma alegorizante.

Imagens e metáforas revelam aspectos e matizes de sentimento não só graduados como opostos. Iaiá, menina e moça, é, no mesmo período, evocada como "aurora sem nuvens, leve, ágil, súbita" e "às vezes áspera", atributo que seria surpreendente se não fosse em seguida modificado pela notação de seu "espírito ondulante, esguio"; tudo o que, porém, não a impede de mostrar-se "não incapaz de reflexão e tenacidade". As imagens que, presas entre as grades de um conceito fechado, se contradiriam, sucedem-se aqui e se casam no ritmo da intuição livre, atenta só às cambiantes de uma individuação que se desgarra do estereótipo.

Essa bela variedade de traços na composição deste e de outros perfis de mulher deve-se à experiência interiorizada das duas minas de toda personagem, a primeira e a segunda natureza, das quais o olhar do narrador pôde extrair os minérios da sua criação. Assim, os olhos de Iaiá, "se eram límpidos como os de Eva antes do pecado, se eram de rola como os de Sulamites, tinham como os desta alguma cousa escondida dentro, que não era decerto a mesma cousa. Quando ela olhava de certo modo, ameaçava ou penetrava os refolhos da consciência alheia". Tal como aquela aérea leveza da aurora não fazia supor nem aspereza nem pertinácia, aqui o hialino e inocente dos olhos mal se combina com a sua faculdade de ocultar ou com a incisividade ameaçadora que, mais adiante, será comparada ao corte do estilete.

O foco da intuição leva o narrador a postar-se em um ângulo mais aderente ao espectro subjetivo; desse foco ele vê mais fundo do que se lhe valesse apenas o olhar de sobrevôo para o qual Iaiá é sempre o tipo da mocinha de origem modesta colocada em situação igualmente típica de assimetria de classe. Em termos de complexidade, Iaiá, com seus ímpetos e cóleras a custo sopitadas, prepara, melhor que a "hirta e pausada" Guiomar, as figuras fortes e coleantes de Virgília, Sofia e Capitu. Todas almejavam, como da primeira está dito nas *Memórias póstumas*, aliar "o amor e a consideração pública". Separar ambas as instâncias é sempre uma operação ingrata, mas em caso de perigo a consideração pública, a alma exterior, terá a primazia. Daí o adultério a meias, jamais inteiramente assumido, aparecer como saída recorrente. Confessá-lo seria perder tudo quanto já se obteve, não raro com muito engenho e arte: o matrimônio e o patrimônio. Essa mistura, utilitária até o cerne, repugnava ao olhar romântico, mas não ao realismo turvo que o sucedeu. O romance burguês do século XIX multiplicou histórias de adultério. Às vezes consumado (Virgília), às vezes negaceado ou fantasiado (Sofia), mas raramente ou nunca introjetado como autodeterminação, escolha, mudança de eixo que ponha em risco a integração social da personagem.

Capitu, inculpada por Bentinho, e percebendo que a convicção deste era inabalável, nega e pede a separação, que se fará sem escândalo nem prejuízo econômico algum para ela. Capitu viverá na Suíça até o seu último dia e criará o filho como uma rica dama sul-americana, dando-lhe educação refinada a ponto de torná-lo um arqueologo orientalista. Bento não a desampara e cuida de salvar as aparências viajando regularmente para a Europa. Para os *mores* de uma sociedade machista e patriarcal, temos que admitir que o arreglo final valeu à acusada um atestado público de respeitabilidade com todos os benefícios decorrentes. Receio apenas que essa leitura pareça demasiado economicista, coisa que o autor destas linhas professa não ser, bastando-lhe um realismo aberto que não decrete *a priori* a exclusão de nenhum aspecto do real.

De todo modo, é à imaginação metafórica que cabe iluminar os meandros das diferenças individuais. Capitu é uma personagem mais densa que Virgília ou Sofia. É verossímil que a filha dos Pádua lute para obter um lugar melhor no regime paternalista do tempo, cujas peças-chave encadeadas eram o matrimônio e o patrimônio; no entanto, a primeira natureza nela transborda do leito cavado pelos interesses, como a vida transborda, quando pode, da compostura social que a limita e represa.

Na menina e moça pulsam a "força" e o "viço", qualidades intrínsecas da Natureza que já se haviam mostrado a Brás Cubas em delírio. Nela também dá-se a "explosão" da "fúria", expressões literais do narrador quando lembra a violência súbita da namorada que vê contrariado o seu desejo de casar com ele. "Cerrava os dentes, abanava a cabeça [...]" Que esta reação de mulher frustrada ceda logo depois a um jeito sério, atento, "sem aflição", apenas confirma um dos movimentos daquela mesma Natureza, que era o de "encerrar no coração" as suas raivas, quando as tinha.

Capitu, com a tímida conivência de um Bentinho bisonho e maleável, urde táticas de aliciar uns, driblar outros, cooptando os fortes e constrangendo os fracos.

Leiam-se os seus conselhos a Bento em relação a José Dias, no capítulo "Um plano": "Mostre que há de vir a ser dono da casa, mostre que quer e que pode. Dê-lhe bem a entender que não é favor" – recomendação que será tudo menos índice de sentimentos democráticos. Capitu dava ao ainda inexperto Bentinho lições de como ser perfeito proprietário e futuro *pater familias*.

Toda essa arte de disfarçar e manipular será moderna apenas na acepção que à palavra lhe dava o probo Jacó, conhecido de Brás Cubas, a quem ensinou que "a veracidade absoluta era incompatível com um estado social adiantado". Sentença que, se não é uma cortante denúncia do par mentira-modernidade, tampouco chega a ser um elogio. Digamos: será a aceitação de que a mascarada social é às vezes necessária, logo desculpável; e para bem representá-la, não será preciso sair do palco da nossa burguesia conservadora, mestra nas manhas de trapacear com ou sem encanto. Foi este o palco que Machado conheceu[8].

---

8. Machado de Assis conviveu intimamente desde os seus anos de formação com essa mentalidade, que só seria contrastada em alguns momentos fortes da campanha abolicionista por homens da têmpera de Joaquim Nabuco, Rui Barbosa, Luís Gama e Raul Pompéia. Sobre os fundamentos da ideologia burguesa-escravista do Segundo Império, fiz algumas considerações nos ensaios "A escravidão entre dois liberalismos" (em *Dialética da colonização*, São Paulo, Companhia das Letras, 1992) e "Formações ideológicas na cultura brasileira" (in *Estudos Avançados*, n°. 25, dez. 1995).

Sendo, acima de tudo, um *moraliste* sem ilusões, Machado não acreditou nem na rede de valores que conheceu de perto ao longo de toda sua vida, nem nas bandeiras democráticas ou republicanas de cujas esperanças jamais partilhou. Da política do Segundo Império o olhar machadiano filtrou matizes psicológicos de atores presos a suas ambições ora realizadas, ora frustradas. Não foi a prática política

Da ilustração européia Machado extraiu menos a crença no progresso da razão do que a suspeita bem voltairiana de que os homens de todas as épocas foram vítimas complacentes das suas ilusões e de toda sorte de paixões cristalizadas em um conceito que é, ao mesmo tempo, natural e social: o interesse. "Se o universo físico está submetido às leis do movimento, o universo moral está submetido às *leis do interesse*. O interesse é, na Terra, o

---

em si que Machado colheu na sua ficção, mas atitudes esparsas nascidas do desejo de aparecer e brilhar, simulacros de poder que o teatro engendra. Todo e qualquer sistema social ou regime político lhe parecia uma combinação de paixões e interesses, um exercício de força ou de astúcia, uma extensão coletiva das relações entre indivíduos voltados para a autopreservação. O que o afastou tanto do saudosismo quanto do utopismo e deu ao seu olhar cético uma percepção universalizante (mas não a-histórica) da sociabilidade humana. Mereceria estudo à parte a afinidade dessa visão do social com a dos moralistas franceses dos seis-setecentos, lidos, às vezes, por um prisma schopenhaueriano. Aproximações pertinentes foram feitas, nesse sentido, por Eugênio Gomes em "Schopenhauer e Machado de Assis" e "O testamento estético de Machado de Assis", em *Machado de Assis*, Rio de Janeiro, Livraria São José, 1958.

"A História", dizia Fontenelle, "tem por objeto os efeitos das paixões e os caprichos dos homens" (*Oeuvres*, II, p. 484). Mandeville fundava a civilização sobre os sete pecados capitais, o que era uma constatação, e não um juízo de valor. "*Private vices, public benefits*" é o subtítulo da sua engenhosa *Fábula das abelhas*, alegoria das relações estreitas entre a vaidade, o interesse e o progresso material. Voltaire, por sua vez, reconhecia a força universal do amor-próprio e a necessidade de mascará-lo: "Esse amor-próprio é o instrumento da nossa conservação; ele é necessário, nos é caro, nos dá prazer, é preciso escondê-lo". Machado estaria próximo dessa atitude realista, mas sociável e mediadora, que é anterior e, no contexto do Brasil Império, ainda alheia à explosão do capitalismo avançado, para o qual o egoísmo não deve ser moderado, mas excitado sem limites pelas seduções da mercadoria.

mago poderoso que muda aos olhos de todas as criaturas, a forma de todos os objetos."⁹

Mas o tipo da vizinha de extração mediana se aprofunda e humaniza visto nos aspectos vários da pessoa diferenciada e singular. É desta pessoa única que fala o romancista; dela falaria o historiador social se pudesse traçar a quadratura do círculo que é resolver o problema do discurso individual.

Ainda em termos de modos de conhecimento, é significativo que, na figuração de Capitu, o narrador recorra à tautologia, desistindo de dar à namorada uma definição estreita e quadrada:

"Capitu era Capitu, isto é, uma criatura mui particular, mais mulher do que eu era homem."

O singular em estado puro – Capitu era Capitu – casa-se com o universal feminino (mulher), e daí nasce este "mui particular", intensivo, que leva ao extremo possível a recusa à classificação. A crítica literária, como pensava Croce, não consegue habitar esse lugar único e inconfundível da figuração poética: contenta-se com tecer uma caracterização nuançada, o mais contígua possível à intuição do artista, mas sempre assintótica quando confrontada com esta¹⁰.

---

9. Helvétius, *De l'esprit*, II, 2. Machado intitulou "O princípio de Helvétius" o capítulo 133 das *Memórias póstumas de Brás Cubas*. Trata-se de uma passagem em que o narrador reflete sobre formas diversas de *interesse*.
10. Em Benedetto Croce, *La poesia*, Bari, Laterza, 1953, p. 130. Na pré-história da estética de Croce encontra-se o conceito viquiano de "universal fantástico", que seria peculiar ao momento intuitivo do conhecimento. A crítica literária, procedendo analiticamente, mediante conceitos, tentaria, ao discorrer sobre entes ficcionais ou poéticos, perfazer a quadratura do círculo.

Capitu era Capitu. E, ao lado da tautologia, há o papel de relevo que tem a metáfora na construção da personagem singular. O narrador o admite e nos instrui quando, por exemplo, ao flagrar o verdadeiro sentimento de Pádua (pai de Capitu), humilhado na procissão porque só lhe coubera portar uma tocha, e não a vara do pálio, assim o exprime: "Palha roía a tocha amargamente." E nos explica, usando de um giro metalingüístico: "É uma metáfora, não acho outra forma mais viva de dizer a dor e a humilhação do meu vizinho." *Roer a tocha* é metáfora, e *amargamente* a qualifica de perto. A forma viva, que solda a intuição à palavra, plasma-se na figura. Trata-se de um procedimento estético arcano, mas sempre aberto a surpresas no trabalho do conhecimento das pessoas; e difere da mera categorização cujo vetor tende a estancar o dinamismo do sentido, como fazia a alegoria fixada na exemplaridade. O narrador circunspecto sabe o momento em que deve apenas mimetizar o tipo que a convenção já lhe deu pronto (é a hora de olhar para baixo ou por baixo) e o momento em que se depara com seres originais: é a hora de tirar os olhos do chão.

Croce reconhece também em Kant um antecedente da sua tese de vigência de um conhecimento intuitivo, isto é, o juízo estético, sem conceito nem interesse (*Crítica do juízo*, § 77). Do teólogo Schleiermacher colhe a idéia da produção de "imagens internas individuais", comparáveis aos fantasmas oníricos, que estariam para o poema assim como os termos universalizantes estão para o discurso lógico. Enfim, Croce depende diretamente do maior crítico literário italiano do século XIX, Francesco De Sanctis, para quem a forma artística, a *forma viva*, é um princípio ativo, uma potência de exprimir sentimentos e valores que não se confunde com a redução da empiria a idéias gerais ou alegorias: "O conteúdo é necessário para produzir a forma concreta; mas a qualidade abstrata não determina a qualidade da forma artística" (Croce, *Estetica*, 10ª ed., Bari, Laterza, 1958, p. 409).

Perseguir o imaginário que enforma uma personagem como Capitu é refazer o caminho que a leitura estilística já fez no seu período fecundo entre os anos 40 e 50. Estudos precisos de Augusto Meyer e de Eugênio Gomes valorizaram o papel da linguagem metafórica em Machado. A imaginação do nosso narrador produziu perfis singularizantes e já não meramente remissivos, o que teria feito se houvesse obedecido à regra pela qual a forma narrativa nada mais é do que forma estratificada da convenção social[11]. A imaginação, mesmo quando parece mimética, é heurística: descobre na personagem de ficção virtualidades e modos de ser que a coisa empírica não entrega ao olhar supostamente realista e, na verdade, apenas rotulador.

Atente-se, de novo, para o movimento do olhar machadiano, que ora se distancia da personagem, ora a penetra. Os agregados, vistos a distância como seres redutíveis à escala das relações hierárquicas, tendem a parecer-se uns com os outros. Mas Machado sabe que agregados também olham. E este olhar de baixo para cima, que o autor lhes delega, acusará francamente, nas personagens que estão subindo ou querem subir, traços que o narrador prefere descartar, pois, estando postado em um observatório mais alto que o dos agregados, sabe discernir as riquezas da diferença individual, o que é justamente o que o tipo nega ao outro. Reparo em que são agregados (mas nunca a crédula Dona Glória nem o bonachão tio Cosme) que desmereçam Capitu dando a entender que é falsa. Pri-

---

[11]. Observa Gramsci com verdadeiro senso dialético: "querendo ser ultramaterialistas, caímos em uma forma barroca de idealismo abstrato" (*Il materialismo storico e la filosofia di Benedetto Croce*, Einandi, 1972, p. 161).

ma Justina dizia que ela olhava por baixo, defeito também notado em Escobar; e de José Dias é a descrição, que ficou antológica, dos olhos de cigana oblíqua e dissimulada. Prima Justina e José Dias sentem-na como rival e querem desqualificá-la junto a Bento; mas, para o enamorado, Capitu era Capitu, inclassificável.

Bento não vê na bem-amada olhos enviesados para os lados ou para baixo; vê olhos de ressaca, intuição perturbadora, metáfora sugestiva que transfere para as vagas do mar, do mar que voltará tragando Escobar, o fluxo e o refluxo do olhar, figura da vontade de viver e de poder, uma só energia latente naquela mulher, "mais mulher do que eu era homem", como Bentinho admite na sua confissão de fraqueza que inverte a posição de classe e a faz esquecida ou inoperante.

A fantasia do artista explora zonas da existência que passam despercebidas pelas malhas largas da rede tipológica. Mas não escapam ao olhar móvel do romancista. O episódio dos olhos de ressaca tem desdobramentos. Bento procura fugir ao "fluido misterioso e enérgico" que emana da menina-dos-olhos da moça. Era difícil resistir: "tão depressa buscava as pupilas, a onda que saía delas vinha crescendo, cava e escura, ameaçando envolver-me, puxar-me e tragar-me". O tempo do relógio, sugere Bento, não conseguia marcar o que só "os relógios do céu" saberiam medir, esse tempo que o apaixonado sente infinito e breve. O presente na sua urgência domina a cena toda e suspende ou afasta para outros lugares e tempos a história miúda e pesada de uma sociedade onde os ricos não costumam olhar para os pobres senão com desdém, e os pobres não olham para os ricos senão com inveja ou humilhação. Mas essa história mesquinha feita de assimetrias volta a reproduzir-se quando entra em cena José Dias, êmulo da gente do Pádua, que ele crê interessado na união da filha com o sinhozinho da casa pegada; ou então Prima Justina, que malicia os cuidados extremosos de Capitu com este epigrama de suspeita e fel: "Não precisa correr tanto; o que tiver de ser seu às suas mãos virá" (cap. 60).

Enquanto José Dias só vê sonsice, e prima Justina só vê sofreguidão, atributos de gente marginal e cúpida, *cigana*, Bentinho fita nos mesmos olhos o movimento irresistível da Natureza, o mar com suas vagas que vêm e vão.

O tipo tende sempre a classificar o outro como tipo; mas quem ama cria para o ser amado imagens novas, únicas, incomparáveis.

A intuição do caráter singular da pessoa amada resiste até mesmo à conversão do amor em ódio que a suspeita da traição instilou no parceiro que se crê enganado. Bento, no auge dramático do romance (capítulo "Capitu que entra"), abriga em si, ao mesmo tempo, *o personagem* tomado de ciúme feroz, que já o levara à beira do assassínio, e *o narrador* fenomenológico sensível às mínimas expressões de Capitu.

Acompanhemos de perto as direções desse olhar na sua dialética interna de paixão cega e observação que se quer compreensiva. O olhar e a atitude da mulher amada-odiada são apreendidos pelo personagem-narrador com uma atenção contemplativa que surpreende, dado o ânimo acusador que permeia a passagem inteira.

Chegamos ao instante que se segue à palavra, por tanto tempo abafada, de Bento a Ezequiel: "Não, não, eu não sou teu pai!" Quando Bento levantou a cabeça, viu que Capitu estava à sua frente. "Desta vez, ao dar com ela, não sei se era dos meus olhos, mas Capitu pareceu-me lívida."

O narrador lembra-se de que, embora possuído pela comoção da cena vivida um minuto antes, notara palidez no rosto da mulher. Mas o tempo passou e o controle que a escrita presente tem sobre a memória exige certa cautela cognitiva; por isso é com atenuações de dúvida que Bento descreve a reação de Capitu: "não sei se era de meus olhos", "pareceu-me lívida". Daí em diante, o juiz implacável, para quem Capitu teria sido apenas mais um exemplar do tipo feminino que subiu na vida seduzindo e enganando, conviverá com o homem que ainda ama e cujo olhar se detém perplexo naquela que será sempre diferente de todas as mulheres, única, enigma indecifrado.

Lívida embora, e lançada no âmago da crise, "Capitu recompôs-se". O verbo conota autodomínio, lembra compostura social, atributo que convém à imagem da mulher capaz de mascarar seus sentimentos. É o que o comentário do narrador vai sublinhar quando põe em dúvida a afirmação de Capitu de que não ouvira bem as palavras de Bento a Ezequiel. "Capitu respondeu que ouvira choro e rumor de palavras. Eu creio que ouvira tudo claramente, mas confessá-lo seria perder a esperança do silêncio e da reconciliação." Ainda cálculo, portanto, neste negaceio? Bento repete a terrível denúncia. A reação de Capitu é interpretada pelo narrador em termos de *necessária bivalência*: a "naturalidade" da acusada traz aquele caráter espontâneo do instinto de defesa que é, afinal, um dos pilares da vida em sociedade, o que reafirma a hipótese bem machadiana da indissolúvel união das duas instâncias da existência humana, a primeira e a segunda natureza, o desejo e a *persona*. Assim, a veracidade das expressões de Capitu continua sendo um desafio à nossa especulação: "Grande foi a estupefação de Capitu, e não menor a indignação que lhe sucedeu, tão naturais ambas que fariam duvidar as primeiras testemunhas de vista do nosso foro."

É significativo que o advogado Bento Santiago acione aqui, a seu favor, a linguagem da lei e dos tribunais, fôrma esfriada da vida ética. As frases seguintes aludem a demandas perdidas e testemunhas alugadas. Não se deve, porém, perder o olhar que Bentinho deitou à estupefação e à indignação de Capitu, qualificando-as de "tão naturais ambas", o que é sempre um lampejo de contemplação tanto cognitiva quanto moral: a dura opacidade do promotor parece suspensa, posto que por brevíssimos instantes, quando atravessada por uma sensação de transparência.

Capitu, nota ainda o narrador, "podia estar um tanto confusa, o porte não era de acusada" – observação feita de matizes e que remeterá ao desejo secreto de sondar na pessoa amada-odiada um fundo "natural" de integridade. Tocando o desenlace, o desejo frustrado luta em vão para abalar convicções de esposo traído, que precisam ser inabaláveis. E é para reforçar dentro de si essas mesmas amargas certezas que Bento, "sem atender à linguagem de Capitu, aos seus gestos, à dor que a retorcia, a cousa nenhuma", repete "as palavras ditas duas vezes com tal resolução que a fizeram afrouxar".

Nesse duelo inglório o olho que, por um momento ainda de abertura ao outro, fora capaz de *prestar atenção* ao rosto lívido, estupefacto, indignado, confuso e sofrido da mulher, preferiu cerrar-se por um ato de ciosa vontade, *sem atender a cousa nenhuma*, encasmurrando-se nas suas razões de honra ou (como dirão os que já decidiram o pleito) nos seus mórbidos ciúmes de Otelo brasileiro. Os olhos abertos contemplam; os olhos fechados, sem atender a coisa nenhuma, tipificam, julgam, decretam.

A seqüência do texto não é menos complexa. Bento discerne melancolia no rosto de Capitu, que não se mostra, porém, rendida ao julgamento do marido. Ao contrário, o seu tom é de ironia e o olhar aparenta desdém. Cálculo, de novo, ou contida resposta a uma injúria? Face transparente ou segunda natureza? "Suspirou, creio que suspirou, enquanto eu, que não pedia outra coisa que a plena justificação dela, disse-lhe não sei que palavras adequadas a esse fim."

Antes da separação definitiva adivinha-se um último sopro de sentimento reprimido do amante que ainda espera uma reversão *in extremis* do drama: *a plena justificação dela*. O que faria reemergir aquela Capitu inefável "com um ar que nunca achei em mulher alguma", e que nós, leitores, só aprendemos a conhecer através das lentes bifocais do narrador, pois outras Machado de Assis não nos emprestou para vê-la.

O autor que, por sua vez, é o único responsável pelo discurso do narrador, tem a qualidade da circunspecção, no sentido etimológico do termo: olha para todos os lados, circularmente, percorrendo os diferentes níveis da experiência própria ou alheia. O texto de *Dom Casmurro* mostra copiosamente que o narrador Bento Santiago não se poupa a si mesmo aos olhos do leitor, confessando-se inteiro nas suas fraquezas e tentações, com suas quedas pifiamente racionalizadas, seus medos e superstições, suas covardias e promessas descumpridas, seus ímpetos perversos, quando não criminosos, sua auto-indulgência em matéria de encontros clandestinos, fazendo, em suma, de si próprio um retrato que está longe do medalhão referto de dignidade ou do cavalheiro impoluto. Mas a sua voz não soa com o mesmo timbre do desfrutador cínico que contou um dia por desfastio as suas memórias póstumas e encenou a própria impudência. As lembranças de Bento conservam o tom de malogro e esvaziamento que não esconde a fragilidade existencial do memorialista: "falto eu mesmo, e esta lacuna é tudo". Como observou sensatamente Antonio Candido, "dentro do universo machadiano, não importa muito que a convicção de Bento seja falsa ou verdadeira, porque a conseqüência é exatamente a mesma nos dois casos: imaginária ou real, ela destrói a sua casa e a sua vida"[12].

A hipótese da dissociação autor-narrador

Para entender os romances em primeira pessoa, as *Memórias póstumas* e particularmente *Dom Casmurro*, uma vertente da crítica machadiana formulou uma hipótese controversa, mas crucial: haveria nesses romances uma dissociação da perspectiva em duas dimensões: de um lado, o foco narrativo explícito; de outro, a consciência autoral. O foco explícito não corresponderia ao verdadeiro olhar do autor e assumiria o papel de narrador trapaceiro capaz de confundir o leitor, dizendo ou sugerindo o que o autor não diria, pensando o que o autor não pensaria e omitindo as reais intenções do seu criador[13].

---

12. Em "Esquema de Machado de Assis" (*Vários escritos*, São Paulo, Duas Cidades, 1970, p. 25).
13. A hipótese deriva basicamente do livro de Helen Caldwell, *The Brazilian Othello of Machado de Assis* (University of California, 1960). Retomaram sob ângulos diversos o caráter dúplice da perspectiva ficcional: Silvano Santiago, em "Retórica da verossimilhança" (*Uma literatura nos trópicos*, São Paulo, Perspectiva, 1978); John Gledson, *The Deceptive Realism*

A hipótese é engenhosa, mas, se não for relativizada, corre o risco de usos arbitrários e sobreinterpretativos. Para o leitor que nela crê, o dilema reponta a cada momento. Em face de um determinado passo do romance, as percepções e os sentimentos declarados do narrador são confiáveis e colam aos do autor? Ou, ao contrário, o autor malicioso teria aqui engendrado uma voz narrativa que daria pistas falsas das quais o romancista, no segredo da sua consciência, divergiria eticamente? O narrador mente, de propósito, e só o autor e alguns leitores mais avisados conhecem a verdade verdadeira e historicamente irrefutável? Mas onde essa duplicidade é inconteste? E onde ela não teria cabimento? Como e o que escolher no interior do romance? Quem engana não o faz sistematicamente, caso em que bastaria pensar o inverso do que está dito para conhecer o certo.

É provável que a solução desses dilemas pouco avance se posta em termos genéricos: será preciso examinar cada obra e cada episódio sem nenhum *a priori* interpretativo.

Começando por Brás Cubas, supor que a fala represente uma auto-sátira, isto é, o desenvolvimento de um ponto de vista oposto ou, de algum modo, alheio à percepção que Machado de Assis tinha da sociedade brasileira ou da humanidade em geral, engendra mais dificuldades do que resolve. Parece mais razoável *ver no defunto autor um limite estilizado do ceticismo do escritor*, um mosaico só aparentemente caótico das certezas desabusadas a que chegara àquela altura o romancista na sua análise da indiferença

---

of Machado de Assis, Liverpool, Francis Cairn, 1984 (trad. bras.: *Machado de Assis — Impostura e realismo*, São Paulo, Companhia das Letras, 1991); e Roberto Schwarz, *Duas meninas*, cit.

perversa, mas ubíqua, que separa e fere os homens: aquela atitude cruel, disseminada em toda parte, e que a posição de classe de Brás Cubas permitiu levar à "desfaçatez", como bem a caracterizou Roberto Schwarz, que, de resto, se inclina para a tese do narrador embusteiro. Mas o narrador, em última análise, não ocultou nem sequer embaçou o olhar implacável com que Machado observa e encena a mascarada da vida em sociedade; apenas fantasiou e universalizou, a seu modo e o quanto pôde, o seu caráter injusto, arbitrário ou aparentemente aleatório.

Em outras palavras: o *lugar ideológico* de onde o autor viu e julgou as relações interpessoais do seu contexto fluminense era suficientemente amplo para abrigar e situar as cabriolas exibicionistas de Brás Cubas. Não se tratava de um jogo de exclusões, de preto *vs.* branco, de mentira *vs.* verdade, de narrador *vs.* autor, mas de um movimento de inclusão de Brás Cubas em Machado de Assis. É como se o cético autor estivesse passando ao leitor esta mensagem: "O mundo é assim mesmo, caro leitor, e merece ser afrontado; por isso, o meu narrador e protagonista pensa, age e fala sem biocos, mostrando-se tal qual o consente a sua condição singular de morto, já 'desafrontado da brevidade do século'. Em vida, ele era livre, rico e fazia tudo ou quase tudo o que desejava, pois o mundo é dos livres, fortes e ricos. Ai dos pobres, fracos e dependentes! Agora, eu o farei dizer tudo quanto pensa."

Não se veja, portanto, um autor idealista que resolveu fabricar um narrador realista para melhor condená-lo à luz de uma visão moral exemplar pela qual os maus devem ser e serão escarmentados pela sua conduta. De resto, a impunidade é o traço permanente das diabruras do menino Brás e das suas espertezas de adulto. No texto e na vida, esta é a lição desenganada do autor, que Brás Cubas exprime de mil modos com a sua petulante desenvoltura. O narrador pode bem ser o lado demoníaco do autor, e este é um dos significados da expressão "o homem subterrâneo" que Augusto Meyer tomou a Dostoiévski para sondar a relação profunda entre Machado e o seu narrador e defunto autor Brás Cubas. Este, enquanto rico ocioso, pode alargar até extremos de cinismo as margens de liberdade daquele "eu detestável" que o olho do moralista descobrira em si mesmo e no coração do semelhante. Eu construo o outro que está em mim.

No caso de *Dom Casmurro* a idéia de divisão autor-narrador envolve outra ordem de dificuldades. O romance tem a sua lógica própria: Bentinho não é uma réplica de Brás Cubas, sendo necessário refletir sobre a diferença para não julgar o narrador de sobrevôo atendendo-se apenas à sua tipicidade de classe.

Machado timbrou em reconstituir, aprofundar e tonalizar a história interna da voz narrativa, o que dá um Bentinho vacilante, vulnerável, temeroso, se não tímido, desde o início das suas relações familiares, impressionável ao extremo e, por longo tempo, apaixonado pela mocinha de origem modesta com quem deseja casar e de fato se casa desfrutando alguns anos de felicidade conjugal. Trata-se de uma história de amor, suspeita, ciúmes e desejos de vingança, e não de uma crônica de casos sensuais e saciedades entremeada de comentários cínicos, como a de Brás Cubas. Ignorar ou desqualificar o tom com que o drama é narrado, e supor que o autor tenha forjado, o tempo todo, um narrador desprezivelmente caviloso ao qual se deve recusar todo crédito, é levar a extremos problemáticos a hipótese da dissociação.

Quanto ao *Memorial de Aires*, não me consta que o desdobramento autor-narrador tenha sido proposto; antes, a crítica tem encarecido a possibilidade de o Conselheiro ser uma variante bastante próxima do que se costuma chamar o humor machadiano da última fase.

* * *

O tom rege a melodia interior do texto ficcional. Apreendê-lo pode ser um bom começo, se a visada é compreensiva no sentido que lhe dá o círculo hermenêutico. Em *Dom Casmurro*, o tom é de melancolia, que tem muito a ver com o *eros* frustrado como a entenderam os moralistas medievais e barrocos atando a sensualidade à tristeza. Bento julga-se traído e, como tal, não pode contar sem travo de amargura a história da sua paixão de adolescência e juventude. Nas *Memórias póstumas* prevalece o tom de sarcasmo, variante mental do instinto de morte que nos espreita a cada nova passagem. No *Memorial de Aires*, um tom menor de complacência irônica afina a palavra do Conselheiro, figura na qual parece projetar-se o *eu* ideal do último Machado.

O tom revela o sentimento dominante de um poema ou romance[14]. Vimos como o olhar do narrador, que beira

---

14. Em um raro momento de inspiração hegeliana, Lukács confere o devido relevo ao *significado do tom*: "Recorde-se, por exemplo, a entonação na música. Ela nada mais é do que um compêndio concentrado do conteúdo espiritual-sensível de toda a obra, uma enunciação que suscita sugestivamente aquele estado de ânimo que permite aceder ao conteúdo espiritual da arte – a afirmação daquela atitude em face da vida, daquela distância da vida que é refletida pela obra, cujo perdurar espiritual-sensível constitui nela a essência da unidade do múltiplo, e revela, por isso, o único caminho para atingir o seu significado último" (*Introdução a uma estética marxista*, trad. Carlos Nelson Coutinho e Leandro Konder, Rio de Janeiro, Civilização Brasileira, 1968, p. 279).

o satírico quando se detém no retrato que a convenção já pré-formou, se acende de curiosidade picante quando capta a imagem feminina na sua aliança de ímpeto e cálculo, primeira e segunda natureza convergindo na cena social. Nessa escala, em que o grau inferior é o tipo, o grau que o ultrapassa (e o pressupõe) é a pessoa da mulher tomada a um só tempo de desejo e interesse. Aqui o escárnio não encontra lugar, pois tudo é matéria à volúpia intelectual do analista.

* * *

Quando o olhar descobre a pessoa

A própria realidade é ampla, vária, cheia de contradições; a história cria e rejeita modelos.

BRECHT

Pergunto-me se isso é tudo, se não há para o nosso observador infatigável algum outro objeto digno da sua contemplação. A busca não é vã. Há personagens, que melhor se chamariam pessoas, e que resistem tanto às suas paixões quanto à comum tentação de subir na hierarquia do meio em que lhes foi dado viver. Também para estas ergue-se o olhar do narrador, e é nelas que se projetam, sóbria e firmemente, os seus valores por hipótese menos precários e friáveis. É nelas que um sentimento raro de dignidade e um *ethos* severo de estoicismo acham meios de exprimir-se.

Antes de passar ao exemplário, forçosamente escasso, dessas figuras de exceção, convém refletir sobre a condição de possibilidade da sua existência na obra de Machado. Elas são possíveis na medida em que a perspectiva do narrador não está *a priori* limitada pela viseira de uma teoria incondicionalmente destrutiva do ser humano. De resto, a negação absoluta de valores no comportamento do semelhante suporia a vigência de um senso moral igualmente absoluto que tudo julgaria e tudo condenaria à luz de um ideal extra-humano cuja perfeição lhe vedaria até mesmo o atributo da existência neste mundo sublunar. Não é este, manifestamente, o caso de Machado de Assis, que apenas relativiza o que vulgarmente aparece sob a veste de bem ou de mal, de verdadeiro ou de falso; assim fazendo, nada afirma nem denega com o ar peremptório dos dogmáticos ou dos niilistas. Em razão desse senso do relativo, que, na história da cultura ocidental, assinala a crise mas não a morte do idealismo romântico, Machado pôde voltar livremente os olhos para as mais variadas formas de conduta. O romance é o reino do possível: inclui não só o real historicamente testemunhável, mas o que poderia ter acontecido ou vir a acontecer.

No exercício de quem observa finamente, mas interpreta cautamente, o narrador sabe diferençar por dentro até mesmo a constelação dos tipos mais homogênea, como é o caso dos agregados. Leia-se o que diz de prima Justina: tal como José Dias, ela vive de favor em casa de Dona Glória, mas, diversamente do superlativo adulador, tinha a índole seca e reservada: "Não penso que aspirasse a algum legado, as pessoas assim dispostas excedem os serviços naturais, fazem-se mais risonhas, mais assíduas, multiplicam os cuidados, precedem os fâmulos. Tudo isso era contrário à natureza de prima Justina, feita de azedume e implicância." Aqui a percepção da peculiaridade corrige, uma vez mais, o preconceito da uniformidade psicológica do grupo social. Ou seja, para o narrador há agregados e agregados.

Nem sempre a cor final da página resultou de pinceladas cinzentas espalhadas sobre o cinzento, tirante a negro. O tom dominante não exclui matizes, aliás os supõe. Nesse movimento de atenção para o que não é esquema do social ossificado, Machado acabou inventando figuras de resistência.

É instrutivo notar – o que Lúcia Miguel-Pereira já fez com acuidade – a forjadura ainda romântica da primeira das "heroínas" machadianas: ela se sacrifica por obra da consciência moral em um meio onde só a prudente autopreservação teria futuro. Trata-se de Helena, protagonista do romance homônimo. Helena prefere morrer a ser julgada aventureira, isto é, capaz de ter ocultado a sua filiação e aceito o equívoco de passar por herdeira legítima de um abastado conselheiro do Império. Helena efetivamente morrerá "de pundonor", tal o constrangimento que a situação, enfim aclarada, causou na sua alma ingênua. E "fé ingênua" é a expressão que Machado de Assis empregará na advertência que faria preceder o romance para recordar o espírito com que o compôs "naquele ano de 1876".

Mas, se lembrarmos que *Helena* foi escrito depois de *A mão e a luva*, romance em que não há lugar para sacrifícios romanescos, diremos que a alternativa da criatura desapegada e digna na sua humildade ainda se fazia possível na imaginação de Machado, mesmo depois que se mostrara complacente com "o cálculo e a fria eleição do espírito" da outra jovem protagonista.

Em outras palavras: o olhar do primeiro Machado já era móvel, subindo do interesse para o desinteresse e, em seguida, na construção complexa de *Iaiá Garcia*, contemplando as organizações opostas de Iaiá e Estela, a competição solerte e a estóica isenção, ambas operantes no mesmo meio familiar. Assim, no interior da mesma teia de relações sociais, o contexto burguês-paternalista fluminense, é a diferença que move a história.

Em *Helena* é o ser de exceção que importa. Em *A mão e a luva* prevalece a regra. Em *Iaiá Garcia* interagem a exceção e a regra.

O desfecho de *Helena* atinge a fronteira que separa o possível do improvável. Dizer que é um final romântico será meia verdade. A questão de fundo é saber o que significaria, no universo da ficção machadiana, uma personagem que morre em razão de uma crise moral. Uma resposta viável é a que concede ao narrador certa margem de liberdade na sua invenção; liberdade que a grade do bom senso convencional lhe vedaria: a faculdade de conceber personagens que não se reduzam à mediania estatística dos homens e mulheres representantes de um certo tipo: por exemplo, o da moça pobre que se agrega a uma família rica. Ora, essa resistência à fôrma social média é possível, no processo da criação ficcional, na medida em que atuam na memória, no sentimento e na fantasia do artista modelos ideais de comportamento.

Os modelos ideais inserem nas situações do presente valores que tomaram forma no passado tanto imediato quanto distante. Os fatos urgem diante do observador, mas os valores com que ele os penetra e julga persistem e resistem quanto podem, porque não são resultado automático daqueles mesmos fatos.

Contar coisas que acontecem aqui-e-agora e avaliá-las com predicados antigos ou dizê-las com imagens vivas na memória da cultura é procedimento comum na grande literatura. Está em Dante, em Camões, em Shakespeare, em Racine, em Leopardi, em Baudelaire; e certamente não seria novidade para o homem de letras consumado que foi Machado de Assis, tão familiar dos clássicos quanto dos ilustrados e dos românticos.

Helena morreu de *pundonor* no momento em que, revelada a sua origem, lhe seria, afinal, possível declarar o seu amor a Estácio, até então tido por incestuoso, e dele receber igual confissão. Seria um final verossímil: o afeto puro e o interesse legítimo poderiam conciliar-se no melhor estilo do paternalismo brasileiro do século XIX. Alguma oposição poderia vir do mais retrógrado zelo pelas conveniências; caso estas prevalecessem, seria o triunfo do lado obscurantista daquela mesma sociedade. Mas não foi por aí que o narrador guiou o seu desenlace patético. Helena desmente as expectativas "normais", ou seja, as expectativas do que constituiria a média dos comportamentos esperáveis no seu contexto. Ela não tem o estofo de Guiomar nem o de Iaiá Garcia, *que se valem do sistema para ascender no sistema*. Machado atribui a Helena um ideal de nobreza íntima, atípico, logo imprevisível, se considerados o seu "berço" e a situação equívoca em que entrou para a família do Conselheiro Vale. Figura excepcional no interior daquele mundo bafiento, nem por isso Helena será moderna. Os valores que a constituem como pessoa não a põem à frente do seu estreito círculo, mas acima e, idealmente, atrás. No alto, pois o olhar do narrador aqui se desprende tanto do puro caricato quanto do perfil da mulher enérgica e calculista; e empreende um gesto de sublimação pelo qual a pessoa atende à voz da consciência mais exigente em vez de correr para a satisfação dos seus desejos mais gratos.

Ora, a consciência moral, tal como a conhece o leitor de Machado, costuma ceder logo às pressões da utilidade e racionaliza com prestância as suas concessões. O seu traço saliente é a precariedade. Dura pouco, muda rápido, e o narrador é fértil em inventar engenhosas teorias para explicar tanta labilidade. No entanto, Helena morre literalmente de uma crise de consciência, e qualquer que seja a gênese ideal dessa opção do narrador (ainda cristã? estóica? iluminista? romântica? iluminista-romântica?), o fato é que o desprendimento da moça e os seus escrúpulos extremados não imitam a rotina do ambiente onde se passa a sua história.

Em Machado a percepção do social médio leva, em geral, a nivelar por baixo o comportamento das suas criaturas, e nisto guarda sempre algum ar de família com a visão "realista" do ser humano, que é a do seu tempo, em que o evolucionismo se enraíza em um radical pessimismo em relação aos móveis da própria evolução. O que se poderá inferir do romance é que este social médio trazia em si germes de violência que poderiam, no limite, levar à morte o indivíduo que não se conformasse integralmente com o seu padrão. Mas, para ver com lucidez esse nexo secreto, era necessário ter a garra do inconformismo, que marcou a negatividade do *eu* iluminista-romântico em face da hegemonia do burguês utilitário. Para este último, a dignidade do sujeito é uma expressão retórica vazia, um resíduo impertinente de valores caducos.

O olho crítico do escritor penetra o seu objeto e o transcende. A configuração local – no caso, a estreita esfera de burguesia fluminense – não teria sido representada como foi, com os seus limites e mazelas, se o olhar que a intuiu não houvesse sido trabalhado por valores que diferiam, em mais de um aspecto, dos reinantes naquele pequeno mundo observado. O olho que só reflete é espelho, mas o olhar que sonda e perscruta é foco de luz. O olhar não decalca passivamente, mas escolhe, recorta e julga as figuras da cena social mediante critérios que são culturais e morais, saturados portanto de memória e pensamento. A diferença entre o olhar-espelho e o olhar-foco é vital na formação da perspectiva. No primeiro, teríamos a narrativa como reflexo de uma realidade já formada e exterior à consciência. No segundo, temos a narrativa como processo expressivo, forma viva de intuições e lembranças que apreendem estados de alma provocados no narrador pela experiência do real. Para o leitor de Machado de Assis, o problema está em avaliar o grau de distanciamento que o narrador crítico (embora, na aparência, concessivo) guarda em relação a cada personagem e a cada situação. Um narrador que, mesmo quando parece culpar, parece desculpar, pois sabe o quanto é imperioso o aguilhão do instinto ou do interesse. De todo modo, o que confirma a generalidade da regra são as exceções; vejamos como se comportam.

No processo de sublimação o sujeito como que se retesa inteiro e coloca-se acima da sua circunstância, não mais recitando papéis batidos, mas forjando o próprio destino. Luís Garcia e, ainda mais decididamente, Estela são expressões sóbrias, de corte estóico, do que o narrador chama "virilidade moral", modelo que implica embate interior e recusa de ceder quer ao império das emoções, quer à atração do interesse. "Apatia", "máscara imóvel", é assim que o narrador descreve o rosto impassível de Luís Garcia. Tampouco se consuma nessas figuras raras a inerência de uma norma capitalista avançada que engendraria (por hipótese) a autonomia do indivíduo e a livre escolha do seu futuro. Seria problemático situar Luís e Estela à frente das coordenadas brasileiras dos meados do século XIX.

Parece mais adequado reconhecer nas suas condutas a introjeção do valor *nobreza*, caro a uma vertente central da Ilustração sete-oitocentista (em Rousseau já proto-romântica), a qual começou a estender para o Terceiro Estado certas qualidades milenarmente atribuídas à aristocracia como o sentimento de honra pessoal e a dignidade do sujeito.

Essa extensão, em si humanizadora, não significava, porém, a generalização aberta dos valores éticos ditos "nobres"; e, na realidade, se fez pagando tributo a uma estilização de costumes e de linguagem que imitou, ao longo do século XIX, alguns traços considerados "distintos" do Antigo Regime. A burguesia oitocentista, grande e pequena, européia e brasileira, reificou tudo quanto lhe parecesse signo de *status*. Machado não foi menos sensível do que Alencar à aparência pública desses valores, de resto não tão discretos que não fossem objeto de aprovação geral; ao contrário, enobreceu não poucas das suas personagens com o apuro, a elegância, o alinho, o esmero das vestes, a arte rara e o gosto dos toucados, a gravidade do porte, o garbo e a compostura do gesto, o donaire e o "ar de senhora", "um acordo de virtudes domésticas e maneiras elegantes", "enfim, a polidez que obedecia à lei do decoro pessoal ainda nas menores partes dele"... Dona Carmo, filha de relojoeiro e casada com um guarda-livros, "teria inventado, se fosse preciso, a pobreza elegante".

Ser nobre não dependeria, portanto, do sangue ou do estamento em que se nasce (hipótese manifestamente progressista), mas de qualidades íntimas e disposições éticas raríssimas em qualquer tempo e lugar, o que é, por sua vez, pressuposto do moralismo clássico quando atribui ao barro humano um egoísmo universal. O paradoxo aparente desse progressismo pessimista já se gestava no discurso crítico do Setecentos, quando a burguesia ilustrada em ascensão temperava os seus ardores iconoclastas com o ceticismo indulgente da nobreza mais lúcida, já em declínio, mas consciente da crise que abalaria para sempre os seus brasões de sangue e terra. Desse burguês culto, ansioso pela conquista da própria autonomia e pela extinção de velhos preconceitos, e desse nobre, ao qual só restava o culto da dignidade pessoal, derivou um dos modelos ideais do indivíduo romântico-liberal do século XIX, nobre e burguês conjuntamente, desprezador do vulgo e dos potentados, analista irônico da mascarada social, mas crente na força dos seus instintos e na racionalidade dos seus interesses.

Machado de Assis, nascido e criado no meio das assimetrias sociais brasileiras, tão agudas e persistentes, e olhando por dentro as perversões que as secundavam, aprofundou antes o veio negativo, cético e crítico, da Ilustração e da análise moral clássica do que o veio confiante do individualismo burguês, que teria no spencerismo do último quarto do século a sua expressão desenvolta entre nós como em boa parte da cultura liberal do Ocidente.

Para o narrador machadiano os valores de pureza e dignidade ainda subsistem e fazem parte do que há de nobre no gênero humano, não mantendo relação mecânica com a condição econômica dos que os praticam (tese ilustrado-romântica, potencialmente democrática), mas a sua realização é excepcional, fazendo-se ao acaso das diferenças individuais e contra a maré da "vulgaridade dos caracteres" (pessimismo moralista).

Observe-se que, nos exemplos citados de atitudes nobres, é a convicção do próprio valor que modela a postura. O contrário se dá quando o olhar social, a opinião, se sobrepõe à "alma interior", subjuga-a inteiramente e faz desaparecer o homem, como acontece na história do alferes em "O espelho". Essa oposição, sutil mas decisiva, entre o sentimento da verdadeira honra e o interesse de aparecer como honrado fica patente no episódio já lembrado da procissão do Santíssimo em *Dom Casmurro*: o Pádua, que almejava portar a vara do pálio, roía amargamente a simples tocha que lhe entregaram, pois se sentia diminuído aos olhos dos outros, ao passo que os seus confrades, que igualmente carregavam tochas, "não iam garridos, mas também não iam tristes. *Via-se que caminhavam com honra*" (grifo meu). Se estes se contentavam com a honra intrínseca de acompanhar a procissão dispensando honrarias ostensivas, o pai de Capitu e José Dias, ao contrário, queriam absolutamente exibi-las como sinais de primazia que anunciassem a todos a sua posição na hierarquia da cerimônia. Machado distingue luminosamente o sentimento íntimo de honra, que ignora ouropéis, e a aparência pública "honrosa", que se vale das assimetrias sociais para reforçá-las em termos de privilégio. Inclino-me a supor que este sentimento de honra, que o Terceiro Estado reivindicou para si (contestando que fosse apanágio da nobreza de sangue), não guarde, na ótica de Machado, relações de causa e efeito com a classe econômica a que pertencem os sujeitos que o experimentam; daí o seu valor ético e a raridade da sua ocorrência, distribuída parca e aleatoriamente entre pobres e ricos, agregados e senhores.

Parcimônia de moralista que rima com o antigo adágio português: "Honra e proveito não cabem num saco."

Um *ethos* realmente novo, democrático, avesso ao preconceito, só iria vigorar em alguns poucos setores, em geral os mais engajados e intelectualizados, de algumas sociedades mais desenvolvidas a partir dos fins do século XIX: na Inglaterra pós-vitoriana, por exemplo, ou na França republicana. Não será este, evidentemente, o ponto de referência contrastivo que convém alegar quando se lida com diferenças internas de comportamento em nosso meio conservador, *o único que Machado manteve sempre sob a sua mira*[15].

---

15. Nesse meio, a partir dos meados do século, os especuladores e banqueiros não representavam senão elos financeiros do nosso complexo agrocomercial. A ideologia dessa reduzida fauna urbana não se opunha estruturalmente à dos fazendeiros com a qual interagia. É o que o narrador deixa entrever quando faz Cristiano Palha, "zangão da praça", futuro banqueiro e aspirante à baronia, maldizer a iniciativa de D. Pedro II, que, em 1867, "introduzira na fala do trono uma palavra relativa à propriedade servil" (*Quincas Borba*). Raymundo Faoro analisou em detalhe essa mistura de golpes financeiros, jogos da Bolsa, manutenção do regime escravista e espertezas miúdas no âmbito familiar e profissional. Leia-se o estudo que o ensaísta fez das personagens Procópio Dias, Cotrim, Palha, Santos e Nóbrega, em um arco que vai de *Iaiá Garcia* a *Esaú e Jacó*. Em todos o endinheiramento é adubo do conservadorismo ora hipócrita, ora cínico: o que reforça a hipótese da estreita correlação que mantiveram entre si capitalismo agrocomercial, escravismo e paternalismo, formações todas costuradas por uma classe conservadora que precisava tanto do liberalismo econômico (para a sua integração no mercado internacional) quanto de uma forma restrita de liberalismo constitucional para garantir a sua representação junto às Câmaras e ao ministério. Em outras palavras: a nossa burguesia imperial não podia exercer o seu poder fora dos quadros do velho liberalismo utilitário. Dinheiro e progressismo não são sinônimos.

De todo modo, a face interna, *o lado subjetivo desse enobrecimento extrapatrimonial*, não deixou de ser uma conquista que os românticos progressistas tinham herdado do setecentos; e tudo indica que esses modelos ideais de longa duração operavam na consciência do narrador machadiano sobretudo na hora de separar o trigo do joio, a pessoa do tipo.

Incorporando, com a devida sobriedade, à imanência das nossas acanhadas relações burguesas os ideais de desapego e pureza da consciência, decerto anteriores à invenção da máquina a vapor, Machado fazia penetrar no tecido do seu romance um modelo resistente ao conformismo da ideologia utilitária. E aqui vale a palavra franca de Bertolt Brecht replicando ao dogmatismo de Lukács: "Não é a idéia de estreiteza, mas a de amplitude que convém ao realismo. A própria realidade é ampla, vária, cheia de contradições; a história cria e rejeita modelos."[16]

Se passamos de Helena a Estela, deparamo-nos com uma personagem igualmente digna e estóica, mas despida de aura trágica. Helena morre "de pundonor", o que faz suspeitar que, para o seu criador, a família paternalista trazia em si componentes vexatórios, pois obrigava os dependentes ora a simular, ora a dissimular; caso contrário, pereceriam. Esse é um dos traços mais fugidios e inquietantes da fisionomia machadiana: o seu olhar passa

---

16. Bertolt Brecht, "Amplitude e variedade de modo de escrever realista", publicado inicialmente na revista *Das Wort*, em Moscou, 1938. O texto de Brecht põe a nu o teor unilateral do conceito de realismo proposto, naquela altura, por Lukács. Há tradução brasileira feita por Marcus Vinicius Mazzari (*Estudos Avançados*, n° 34, São Paulo, USP, dez. 1998).

de aparentemente conformista, ou convencional, a crítico, sem que o tom concessivo deixe transparecer nenhum impulso de indignação. O humor corrosivo, sentimento dos contrastes (segundo a definição de Pirandello), iria explorar nas obras de maturidade essa ambivalência de juízos de valor, emprestando-lhe unidade tonal; de todo modo, como registro estilístico, o humor não se comporia com perfeição antes das *Memórias póstumas*. Só a partir destas o narrador em primeira pessoa vestirá, despirá, tornará a vestir e a despir com desenvoltura as próprias máscaras da virtude e da razão, com uma labilidade tal que o leitor poderá ver ora a máscara, ora a fenda por onde brilham de malícia os olhos de humorista. Mas uma unidade subterrânea de tom, aquele "sentimento amargo e áspero" a que o autor se refere no prólogo, enformará e mediará a mobilidade do seu olhar: é por isso que o saldo final será negativo. Labilidade não é sinônimo de atonalidade.

Em nosso autor a ironia, mesmo se condescendente, e o humor melancólico são mediações tonais de um espírito alerta que não se entrega; quando parece fazê-lo, é só concessivamente, na medida em que reconhece o império dos interesses e a correlata urgência de salvar as aparências.

A mobilidade, que revela e esconde, acusa e atenua, era evidentemente menor e tendia a zero quando o narrador ainda preferia soldar aparência e sentimento, atitude pública e consciência. Em *Iaiá Garcia*, a virtude de Estela é coesa e inabalável, ditada por um sentimento confesso de orgulho que não cederá a nenhuma isca de cooptação. A sua dignidade não só a isenta de qualquer deslize interesseiro como a torna refratária ao mínimo ato de menosprezo cometido contra os que estejam abaixo dela na escala social. É significativo desta sua nobreza (que não lhe vem do sangue, nem dos bens, mas do espírito) o episódio em que o moço rico Jorge lhe segreda ao ouvido palavras de caçoada da pronúncia de um operário: Estela "cerrava entretanto o gesto aos epigramas". Convém lembrar que o pai de Estela, agregado da família de Jorge, é descrito como uma natureza oposta à da filha, o que dá um dos aduladores mais típicos e enjoativos da obra de Machado: "Estela era o vivo contraste do pai, tinha a alma acima do destino."

A diferenciação ocorre *no âmbito do mesmo regime de dependências* e revela a capacidade que tinha o narrador de deslocar a sua atenção de um nível para outro da escala moral. O importante é notar não só a disparidade dos objetos observáveis (um é típico, o outro é atípico) como aquela contigüidade de conformismo e recusa, concessão e negatividade, que faz da perspectiva machadiana uma encruzilhada: a constatação dos comportamentos típicos e previsíveis desce para o lado da gravidade social; o juízo ético sobe para o lado da resistência. Juízo que está explícito, por exemplo, na altivez de Estela, a quem repugnava a "idéia de rede", ou na firmeza de Eugênia, a flor da moita, "erecta, fria e muda"[17].

Casa velha recria superiormente a figura da moça pobre ciente da sua condição de "agregadinha", mas ciosa de sua independência moral. A construção da personagem Lalau é complexa. Embora presa ao esquema um tanto fo-

---

[17]. "A condição econômica e social, perfeitamente assimétrica, em nenhum momento altera a dignidade de Eugênia, que funciona como contraponto do narrador" (Gilberto Pinheiro Passos, *A poética do legado*, São Paulo, Annablume, 1996, p. 56).

lhetinesco de *Helena* (a união com o homem amado é impedida pela revelação de um incesto que, afinal, se prova falsa), a jovem tem a fibra enérgica e estóica de Estela. Em vez de sucumbir a um destino de humilhação, Lalau traz em si um sentimento altivo de pudor que a fará recusar o casamento com o filho de sua protetora e, invertendo a solução interesseira de Guiomar, a levará a preferir a união modesta com o filho de um criado da Casa velha. O brio da moça, que ela própria chama de "vergonha", é a mola responsável pelo desfecho original da novela[18].

---

18. O foco narrativo de *Casa velha* é também original. Quem conta a história é um padre que freqüenta a casa com o intuito de pesquisar documentos do Primeiro Império guardados na biblioteca. Envolvendo-se a contragosto no drama da família, o sacerdote sublima a sua inclinação pela jovem agregada procurando ajudá-la a casar-se com o filho da dona da casa, Félix. Empenhando-se em favor dos namorados, o padre contraria os preconceitos da mãe do rapaz, Dona Antônia. É curioso ver como Machado, que, em geral, pinta retratos convencionais do clero do tempo (feito de padres conciliadores e ajustados à rotina patriarcal), engendrou, neste narrador de *Casa velha*, uma consciência cristã lúcida, capaz de opor à prosápia odiosa de Dona Antônia a moral evangélica da fraternidade. Transcrevo alguns passos do diálogo entre a matrona rija e metida a fidalga (quão diferente, como personalidade, da mãe de Bentinho!) e o nosso cônego liberal:
(Dona Antônia) – "Realmente, não sei que idéias entraram por aqui depois de 31. São ainda lembranças do Padre Feijó. Parece mesmo achaque de padres. Quer ouvir por que razão não podem casar? Porque não podem. [...] Nós não vivemos no mundo da lua, Reverendíssimo. Meu filho é meu filho, e, além desta razão, que é forte, precisa de alguma aliança de família. Isto não é novela de príncipes que acabam casando com roceiras, ou de princesas encantadas. Faça-me o favor de dizer com que cara eu daria semelhante notícia aos nossos parentes de Minas e de S. Paulo?"
(O padre-narrador) – "Pode ser que a senhora tenha razão; é achaque de padre, é achaque até de Nosso Senhor Jesus Cristo, que nasceu nas palhas..."

A atitude de Lalau anunciaria a passagem objetiva do regime patriarcal, velho como a casa que o abriga, para outra economia de relações interpessoais? Não temos evidências históricas para afirmá-lo. A novela se passa em 1839, ano em que, sob a regência de Araújo Lima, os conservadores detêm as rédeas do poder econômico, que não largariam tão cedo. A maioridade de Pedro II seria alcançada no ano seguinte por um golpe de conjuntura de alguns liberais postos à margem pelo Regressismo, o que certamente não alterou a estrutura social da nação. Ao contrário, os ideais republicanos do Padre Feijó não mais vingariam. O Segundo Império, assentado na escravidão e no comércio de bens primários, manteria por largos anos a estrutura de base herdada da colônia com as eventuais correções de rota exigidas pelo imperialismo inglês. Quanto ao jogo político, o meio do século assistiu ao pacto de conciliação dos dois partidos, o Liberal e o Conservador.

As relações de assimetria social e as manhas do preconceito que Machado captou nesta história de 1839 reaparecem nos romances e contos que se passam vinte, trinta ou quarenta anos depois. O que podia variar, e que a sensibilidade do escritor saberia registrar com precisão, eram *as reações morais à assimetria*; reações dispostas em

---

Pouco depois, ao ver Dona Antônia passar diante de uma imagem de Nossa Senhora coroada de ouro, o padre reflete sobre a diferença de sentimentos que o separam da dona da Casa velha: "A Virgem coroada, rainha e triunfante, era para ela a legítima deidade católica, não a Virgem foragida e caída nas palhas de um estábulo."

Ainda está por fazer um estudo sem preconceitos das imagens diversas com que o agnóstico Machado representa as múltiplas faces do homem religioso: um olhar atento por certo não deixará que o cônego narrador de *Casa velha* fique preso nas malhas grossas da redução ideológica que embaraça a percepção justa das figuras singulares.

uma escala que vai do típico, pesadamente típico, ao diferenciado; da peça humana que reproduz os mecanismos do sistema à consciência pessoal que se nega a fazê-lo. De Guiomar a Iaiá Garcia e destas a Helena, Estela, Lalau.

Mas o romance é o lugar da intersecção dos dois modelos narrativos, o realista convencional e o realista resistente ou estóico. A intersecção adensa até o limite do enigma o sentido do olhar do autor, que é sempre um problema e requer sempre uma interpretação. Pascal, jansenista, e os moralistas céticos do seiscentos, como La Rochefoucauld e La Bruyère, também admitiam, ao elaborar a sua fenomenologia ética, a existência de almas raras que resistem a si próprias e ao "mundo" (por obra da graça ou por íntimo orgulho), ao lado da maioria absoluta que verga ao peso da condição comum dos mortais feita de egoísmo com toda a sua seqüela de trampas e vilanias.

De todo modo, o fato de os primeiros interagirem com os últimos na mesma sociedade e até no mesmo círculo familiar dá ao realismo de Machado uma amplitude e uma diversidade de modulações psicológicas que tornam problemática qualquer definição unitária e cortante da sua perspectiva. Talvez seja viável afirmar que a visada universalizante de Machado, tão aguda no exercício de desnudar o *moi haïssable*, consiga superar dialeticamente (conservando em outro nível a matéria superada) os grandes esquemas tipológicos pelos quais só haveria duas personagens em cena: o paternalismo brasileiro e o liberalismo europeu. Estas figuras do entendimento, abstratas e necessárias, resultam insuficientes para captar a riqueza concreta dos indivíduos ficcionais.

* * *

Uma digressão: o liberalismo dos ricos e o caiporismo dos pobres

> *Para a filosofia da práxis as ideologias nada têm de arbitrário; as ideologias são fatos históricos reais que é preciso combater e desvendar na sua natureza de instrumentos de domínio.*
>
> Gramsci, *Il materialismo storico e la filosofia di Benedetto Croce*

A ideologia da aberta competição capitalista e do *self-made man* seria, de fato, tão estranha ao mundo da pobreza observado pelo primeiro Machado que, ao ser alegada pelo jovem e abastado Estácio (em *Helena*), sai prontamente desqualificada pelo seu interlocutor, que aparece como homem válido, sagaz, mas quase indigente:

(Estácio) – "[...] eu creio que um homem forte, moço e inteligente não tem o direito de cair na penúria".

(Salvador) – "Sua observação, disse o dono da casa sorrindo, traz o sabor do chocolate que o senhor bebeu naturalmente esta manhã antes de sair de casa. Presumo que é rico. Na abastança é impossível compreender as lutas da miséria, e a máxima de que todo homem pode, com esforço, chegar ao mesmo brilhante resultado, há de sempre parecer uma grande verdade à pessoa que estiver trinchando um peru [...]"

Em outras palavras: o liberalismo que premia o mérito é argumento de rico. Foi inventado por ele e para ele, valendo cabalmente como sua defesa e auto-elogio. Mas só para ele. Não vá o pobre fiar-se nessa filosofia que, ao cabo, o desmerece enquanto presume explicar a lógica da sua situação.

"Nas cousas deste mundo", continua Salvador, "não é tão livre o homem como supõe, e uma cousa, a que chamam fado, e que nós batizamos com o genuíno nome brasileiro de caiporismo, impede a alguns ver os frutos dos seus mais hercúleos esforços."

O liberalismo econômico funcionou muito bem, espessa e compactamente, como ideologia e boa consciência, para os herdeiros das oligarquias vitoriosas com a Independência e consolidadas pela preservação da escravatura. O seu êxito durável criara nas elites conservadoras a certeza da sua necessidade e a pretensão da sua validade moral. Mas, para os outros, restaria o recurso à noção popular e tradicional de destino, mau fado ou caiporismo: noção que arreda para fora da imanência do capital e do trabalho a causa mesma da pobreza. O que não deixa de ser uma resposta sofrida, e só aparentemente irracional, à pseudo-racionalidade (ou seja, à parcialidade) do discurso liberal.

A fala de Salvador sugere que o liberalismo, enquanto doutrina do homem empreendedor e por isso bem-sucedido, tinha o seu lugar sancionado no estômago e na boca dos *beati possidentes*: era o seu chocolate matinal, o seu peru, eram as suas máximas de grandes verdades. Mas, embora saibamos que a ideologia corrente é a ideologia das classes dominantes, verificamos que o caráter parcial, logo tendencialmente injusto, de uma "explicação" do todo social acaba, cedo ou tarde, enfrentando evidências que a desmentem e provocando discursos contraditórios bem ou mal articulados, mas, em todo caso, tensos e salutarmente incômodos.

O interlocutor do rico liberal é Salvador, pai de Helena, que oculta a própria identidade. Ele deseja que a filha tenha um "destino" melhor que o seu próprio na casa do Conselheiro Vale e, para tanto, sacrifica os direitos de paternidade. Todo o seu orgulho consiste em perseverar nessa opção de renúncia.

No romance, que tem rasgos do paleo-romantismo rousseauísta, a dignidade de Helena, negando-se ao vexame de ser julgada pelos donos do favor, recebe o nome positivo de *orgulho*. A dignidade de Salvador, seu pai, é chamada *necessidade moral*. Ambas as expressões remetem diretamente ao sentimento e à idéia da *honra pessoal*, cujo dinamismo interno se recusa às manobras da razão utilitária.

Observe-se que a convenção patrimonial tinha sido rigorosamente mantida pelo testamento do Conselheiro, ao reconhecer Helena como filha legítima, com a plena conivência do pai natural e a aceitação, embora relutante, de Helena; mas toda essa armação paternalista acaba sendo relativizada como fonte de autêntico valor: "Ouro é o que ouro vale", afirma Salvador. "Herdou o orgulho do pai!" – murmurou Estácio quando viu Helena preferir a renúncia de tudo à vergonha de parecer calculista justamente no momento em que o contexto iria favorecê-la.

Orgulho, dignidade, estóico desinteresse: outros nomes para dizer a nobreza penosa do pobre. Mas ainda nada a ver com o liberalismo peculiar à futura sociedade industrial.

* * *

"Há neles alguma coisa superior à oportunidade"

Helena herdou o orgulho do pai. Estela era o vivo contraste do pai, pois "tinha a alma acima do destino". Dona

Carmo e o seu marido suscitarão no Conselheiro Aires este juízo: "Há neles alguma coisa superior à oportunidade."

Acima do destino, superior à oportunidade: temos aqui novo movimento dos olhos que se alçam apartando-se da "vulgaridade dos caracteres" que formava o caldo de cultura de Brás Cubas e rodearia o pobre Rubião na sua breve passagem pela fortuna. Trata-se de expressões raras, que iluminam pela força do contraste um ângulo do real possível, deixando na sombra as zonas típicas da convenção, zonas mais baixas que Machado conhecia bem, longas e largas.

No capítulo dos contrastes morais sempre me encantou o episódio de *Quincas Borba* em que Sofia e sua amiga Dona Fernanda fazem uma visita à casinha da Rua do Príncipe, abandonada por Rubião, já recolhido a uma casa de saúde, e só habitada por um criado e pelo cachorro Quincas Borba coberto de pulgas e roído de saudades do dono.

Sofia, já a conhecemos, longe está de ser um caráter nobre, mas pertence àquela galeria interessante de mulheres fortes e sedutoras que Machado descreveu com sensual admiração. Quanto a Dona Fernanda, personagem secundária, rica dama como a esposa do Palha, "possuía, em larga escala, a qualidade da simpatia; amava os fracos e os tristes, pela necessidade de os fazer ledos e corajosos. Contavam-se dela muitos atos de piedade e dedicação" (cap. 118). Desses atos, um merece reflexão, porque incomum no solo sáfaro da humanidade vista por Machado.

O fato é que Rubião fora levado a um sanatório por insistência de Dona Fernanda. O Palha, que já explorara bastante o bisonho provinciano, julgava "um aborrecimento de todos os diabos" providenciar tratamento ao ex-sócio que endoidara. Sofia pensaria o mesmo, mas "a compaixão de Dona Fernanda tinha-a impressionado muito; achou-lhe um quê distinto e nobre, e advertiu que se a outra, sem relações estreitas nem antigas com Rubião, assim se mostrava interessada, era de bom-tom não ser menos generosa".

O narrador nos dá aqui uma pista para iluminar o labirinto dos seus padrões de valor. Acudir a Rubião decaído era, como dizia Palha, uma "amolação". A quase indigência do homem fora obra das trapaças do mesmo Palha que o tivera por sócio enquanto lhe conviera. Sofia, por sua vez, ensaiara uma relação ambígua, cheia de obséquios e negaças, com o ricaço de Barbacena que lhe rendera palavras de adoração e jóias de alto preço; mas as inconveniências de Rubião a amedrontaram o bastante para que desejasse vê-lo pelas costas e o mais depressa possível.

Estava armada uma situação na qual a pulhice do casal Palha, prestes a subir ao topo da escala burguesa, dispunha de toda força para arredar de sua casa e da sua vida aquela testemunha tanto mais estorvante quanto mais servira de parceiro ludibriado da sua escusa ascensão. Mas acontece que Dona Fernanda, na sua simpatia pelos fracos, se interessou pela sorte do pobre-diabo. Então, o que fazer? A hipocrisia, disse La Rochefoucauld, é o tributo que o vício paga à virtude. Historicizando: a burguesia não consegue ser de todo cínica, enquanto vigorem na cena da moral pública alguns componentes de um modelo ideal de conduta que se atribuiu por séculos a um estamento alto demais para usar de expedientes vis. Mas, naquela altura (estamos em torno de 1870), a nobreza "de berço" desaparecia em toda parte, ou quase, do cenário capitalista em expansão. Restavam as "atitudes nobres", os "nobres gestos" e a *noblesse oblige*, que o burguês arrivista e conservador supunha exclusivas dos que estão por cima, os quais seriam "superiores" ao vulgo, porque, afinal, podem sê-lo.

Vemos, porém, que não é essa a convicção do narrador tratando de Dona Fernanda, que agia benevolamente em relação a Rubião porque "possuía, em larga escala, as qualidades da simpatia"; o que é uma notação atenta à singularidade da personagem, e não à sua posição de classe.

Sofia, por sua vez, precisa aparentar "bom-tom" junto à amiga prestigiosa, esposa de um deputado, quase ministro e futuro presidente de província. Como nova-rica, Sofia não pode descartar publicamente certas formas de comportamento, mesmo que, de si para si, ela as considere "românticas" e "afetadas", logo pertencentes a uma cultura já obsoleta.

O olhar machadiano vê aqui a ação social do modelo ético nobre exercer-se tão-só na hora em que é oportuno à nova-rica afivelar a máscara da distinção. No caso de Helena e de Estela, ao contrário, o olhar do autor reconhecia a dignidade interior, a introjeção de um modelo ideal exigente até às raias do puritanismo, e que operava ao mesmo tempo dentro e contra as expectativas do meio paternalista. No ajuizamento de Estela há uma discrepância notável entre o foco narrativo, que assevera a altivez real da moça ("repugna-lhe a própria idéia de rede") e a apreciação degradante (tipológica) que dela fez o seu frustrado galanteador, Jorge: vendo que as suas investidas não eram correspondidas pela agregada, o rapaz não se contém e a insulta: "Disfarçada!" Aqui fala o tipo que só vê no outro o tipo: a virtude de Estela, como dependente que era, não poderia ser, para ele, signo de verdadeira e íntima nobreza; seria apenas máscara, forma típica da hipocrisia. Uma vez mais pode-se constatar que o procedimento da classificação social cobre uma área de validade cognitiva ampla, mas parcial: vale na medida em que o narrador olha o outro *por baixo*. Quando é alguma personagem que o faz, o narrador sabe encontrar (se este é o seu projeto) meios e modos de compensar a visão degradada por outra que faça justiça à complexidade do indivíduo que foi prejulgado: então do tipo emerge a pessoa.

Voltemos a *Quincas Borba*. Rubião, internado para tratamento, manifestara o desejo de ter consigo o seu cão, Quincas Borba, que ficara aos cuidados de um criado na casinha da Rua do Príncipe. Dona Fernanda se dispôs a satisfazer o pedido do doente e procurou Sofia para tomarem juntas alguma providência. A partir daí o narrador começa a desenhar as diferenças de comportamento das duas ricas damas da nossa burguesia imperial:

"Mando ver", diz Sofia.

"Vamos nós mesmas. Que tem?" – propõe Dona Fernanda.

Sofia, que tanto devia ao ex-ricaço de Barbacena, quer agora esquivar-se ao trabalho de cumprir pessoalmente aquele modesto desejo: "Mando ver." Dona Fernanda, que o vira poucas vezes, se empenha em ir e convida a amiga ("Vamos nós mesmas"), atalhando alguma eventual relutância de Sofia com a pergunta: "Que tem?"

Foram a pé. A casa cheirava a mofo; a poeira do desmazelo penetrava tudo, o chão e os móveis. As reações de Sofia vão do aborrecimento ("Que bobagem!", pensava, e "de si para si achava a companheira singularmente romântica ou afetada") ao nojo: "estava morta por fugir 'daquela imundice', dizia a si mesma".

Machado analisa fundo a sensação de total exterioridade que a casa e seus trastes causavam em Sofia: "A trivialidade daquilo tudo não lhe dizia nada ao espírito nem ao coração, e a lembrança do alienado não a ajudava a suportar o tempo." Tinham ido para saber do cão, e seria natural que Sofia perguntasse por ele ao criado, "mas não queria mostrar interesse por ele nem pelo resto".

Sofia gostaria de agir com Rubião e o seu cachorro do mesmo modo que já vinha fazendo sistematicamente com os parentes pobres e os amigos velhos de infância: tratando-os com frieza bastante para apartá-los de uma vez por todas da sua vida. Mas Dona Fernanda lá estava, perto dela, e Sofia não podia "desconcertar o sorriso aprovador com que acudia a todas as observações" daquela senhora tão importunamente humana.

Atente-se agora para a visão que tem o narrador dos sentimentos de Dona Fernanda:

"Sem que nenhuma recordação pessoal lhe viesse daquela miserável estância, sentia-se presa de uma comoção particular e profunda, não a que dá a ruína das cousas. Aquele espetáculo não lhe trazia um tema de reflexões gerais, não lhe ensinava a fragilidade dos tempos, nem a tristeza do mundo, dizia-lhe tão-somente a moléstia de um homem, de um homem que ela mal conhecia, a quem falara algumas vezes. E ia ficando e olhando, sem pensar, sem deduzir, metida em si mesma, dolente e muda."

A contigüidade do espaço físico (ambas estão na mesma sala empoeirada) e dos espaços sociais (ambas são damas de sociedade que se encontraram em uma comissão beneficente) não as aproxima, por dentro. É, ao contrário, a descontinuidade, a distância, o antagonismo existencial que o narrador se propõe marcar de forma incisiva. Dona

Fernanda está comovida até o fundo da alma como se lhe doesse a imagem do pobre homem ausente daquela casa onde tudo fala de carência a abandono. Sofia sente fastio, toda ela é opacidade do corpo irritado com o incômodo do pó, do bafio, das pulgas, da pobreza feia e molesta. A alma exterior de Sofia, que era o luxo burguês e o esplendor do palacete que ela e o marido estavam construindo em Botafogo (quem sabe com quantos bons contos de réis tomados ao ingênuo Rubião), a alma exterior da bela Sofia fora como que subtraída, a contragosto, da sua vista e do seu alcance, e toda ela reduzida a um aposento escuro e sujo, "aquela imundice" da qual "estava morta por fugir". Mas Sofia não estava só. A seu lado via Dona Fernanda, que também fazia parte daquela sua alma exterior, pois era senhora de invejável *status*; por isso, "Sofia não ousava articular nada, com receio de ser desagradável a tão conspícua dama".

Nesta coexistência física e social de mulheres tão opostas entre si, a força da opinião, de que a *alma exterior* é a imagem recorrente em Machado, exige que o tipo burguês recalque, em público, o grau extremo da sua reificação; mas recalque apenas, por medo e não por sublimação; por medo de não parecer estar à altura do padrão de comportamento ideal que é considerado nobre, desde que praticado por alguém dotado de posses e alta posição, como esta Dona Fernanda, "tão conspícua dama". Do rico imita-se tudo, até a aparência da virtude.

Veja-se e admire-se a amplitude do olhar machadiano. Os gestos de impaciência e asco de Sofia, apenas contidos pelo guante das conveniências, são, de todo modo, previsíveis. Menos trivial, mas nem por isso menos realista, é a insistência com que o nosso narrador volta os olhos para os olhos de Dona Fernanda e os contempla longamente no momento breve em que a dama e o cão se entreolham. A beleza da passagem pede transcrição:

"Dona Fernanda coçava a cabeça do animal. Era o primeiro afago depois de longos dias de solidão e desprezo. Quando D. Fernanda cessou de acariciá-lo, e levantou o corpo, ele ficou a olhar para ela, e ela para ele, tão fixos e tão profundos, que pareciam penetrar no íntimo um do outro. A simpatia universal, que era a alma desta senhora, esquecia toda a consideração humana diante daquela miséria obscura e prosaica, e estendia ao animal uma parte de si mesma, que o envolvia, que o fascinava, que o atava aos pés dela. Assim, a pena que lhe dava o delírio do senhor, dava-lhe agora o próprio cão, como se ambos representassem a mesma espécie. E sentindo que a sua presença levava ao animal uma sensação boa, não queria privá-lo do benefício.

– A senhora está-se enchendo de pulgas, observou Sofia.

D. Fernanda não a ouvia. Continuou a mirar os olhos meigos e tristes do animal, até que este deixou cair a cabeça e entrou a farejar a sala."

O narrador parece aqui disposto a guiar o leitor até o limiar do sentido oferecendo-lhe a chave da interpretação. A mulher compassiva e o cão abandonado fitam-se um ao outro; e essa reciprocidade se fez possível porque o sofrimento do animal, da "mesma espécie" que o do seu senhor, Rubião (tomado pela demência como o seu primeiro dono, Quincas Borba) despertou em Dona Fernanda um movimento de simpatia universal. Lembro que a vigência da dor em todos os seres deste mundo aparecia no delírio de Brás Cubas como uma fatalidade sem consolo nem remissão, pois a indiferença bruta da Natureza se prolongava na crueza da história dos homens em sociedade. No mesmo duro regime alegórico, *Humanitas*, objeto da filosofia de Quincas Borba, só quer sobreviver e reproduzir-se, matando e devorando para alimentar-se, ignorando cegamente os vencidos e distribuindo afinal batatas aos vencedores de uma eterna *struggle for life*. Mas nesta cena rara, o abatimento do vencido, homem ou cão, não se perde no vazio do absurdo e do nada: engendra um olhar de compaixão, palavra que traduz, ao pé da letra, *sympathia*. É provável que a fonte dessa intuição da existência, o autor a tenha bebido na doutrina de Schopenhauer, pela qual a essência da vida consiste na dor, e a única resposta ética à universalidade do sofrimento será a piedade[19].

Acabado o episódio, o narrador baixa os olhos de novo e acompanha os meneios de Sofia, que dá o braço a Dona Fernanda e continua a representar, com a naturalidade de sempre, a sua necessária comédia, segunda natureza que já sabemos tão legítima e imperiosa como a primeira, e que tantas vezes forma com esta uma sólida unidade:

"Saíram. Sofia, antes de pôr o pé na rua, olhou para um e outro lado, espreitando se vinha alguém; felizmente, a rua estava deserta. Ao ver-se livre da pocilga, Sofia readquiriu o uso das boas palavras, a arte maviosa e delicada de captar os outros, e enfiou amorosamente o braço no de D. Fernanda. Falou-lhe de Rubião e da grande desgraça

---

19. Ver *Sobre o fundamento da moral*, de Schopenhauer, publicado originalmente em 1841. O tópico sobre a compaixão dos animais, que é central para a "fundação da ética" do pensador, acha-se no § 7 da terceira parte da obra. Há edição brasileira com tradução de Maria Lúcia Cacciola (São Paulo, Martins Fontes, 1995).

da loucura; assim também do palacete de Botafogo. Por que não ia com ela ver as obras? Era só lanchar um pouco, e partiriam imediatamente."

Relendo esse e outros passos do romance, compreende-se por que Machado recusou o conselho, que lhe deu um "confrade ilustre", de dar seguimento ao par *Memórias póstumas-Quincas Borba* e compor um volume que aprofundasse o estudo do caráter de Sofia: "A Sofia está aqui toda", explicou o autor do prólogo à terceira edição de *Quincas Borba*.

Não era, de fato, necessário. Há personagens que parecem esgotar-se na reiteração das suas palavras e atitudes; é só observá-las com atenção por algum tempo, e tem-se a chave dos seus comportamentos. Daí, vem a tentação de classificá-las como tipos, o que será toda ou quase toda a sua verdade. E há personagens que, sob a aparência inescapável da sua fisionomia social, podem surpreender-nos pelos seus movimentos próprios de uma liberdade interior que contraria as expectativas do seu meio. O olhar de Machado, contemplando umas e outras, não é maniqueísta: não condena as primeiras nem exalta as últimas como o fizera o idealismo acendrado dos românticos. Admite a diferença e relativiza os juízos de valor.

Mas esse exercício constante de atenuar e compensar não o leva ao grau zero da indiferenciação moral, como poderia supor uma leitura programadamente niilista, mais machadiana do que o próprio Machado. Helena é a antítese de Guiomar; Estela é o contrário do pai, resiste a Jorge, a si mesma, e difere de Iaiá Garcia. Eugênia, a flor da moita, tem um caráter altivo que falta às amantes, ricas ou pobres, de Brás Cubas. Sofia está nos antípodas de Dona Fernanda. Capitu era Capitu... Pedro e Paulo, gêmeos, batem-se por bandeiras opostas e já brigavam no ventre da mãe. Flora, figura de sonho e aéreo enigma, não semelha a ninguém, indecisa e inexplicável no dizer de Aires. E, em contexto de máxima atenuação dos contrastes, Dona Carmo e Aguiar trazem no coração um afeto puro e delicado e uma sinceridade sem pregas que sutilmente os estrema dos jovens em ascensão, o "político" afilhado Tristão e a viúva Fidélia, mais fiel no nome que no luto. A solidão do velho casal, órfão às avessas dos filhos postiços, não será, porém, absoluta: tinham um ao outro e "consolava-os a saudade de si mesmos".

No *Memorial* as diferenças tendem a perder as arestas, pois é o olhar do Conselheiro Aires que as observa e julga, ressarcindo algum reparo moral com a devida concessão diplomática. Esse olhar derradeiro vem de *Esaú e Jacó*, romance em que as dualidades coabitam, e prevalece uma estável ambivalência capaz de neutralizar as tensões. De todo modo, as tensões existem e nascem da interação dos caracteres diversos que dançam, ora juntos, ora desencontrados, o mesmo baile onde cabe ao leitor discernir em cada figurante o que é máscara e o que é a face verdadeira.

A máscara e a fenda

Em memória de Lúcia Miguel-Pereira

Machado de Assis compôs umas duas centenas de contos. Entre eles, creio, alguns dos melhores já escritos em língua portuguesa, ao lado de não poucas histórias presas às convenções do romantismo urbanizado da segunda metade do século XIX.

Quem faz uma antologia[1] prefere excluir a maioria dessas últimas, sem dúvida menos sugestivas esteticamente; mas o analista não pode omitir o fato: Machado foi também um escritor afeito às práticas de estilo das revistas familiares do tempo, principalmente nas décadas de 1860 e 70. O jovem contista exercia-se na convenção estilística das leitoras de folhetins, em que os chavões idealizantes mascaravam uma conduta de classe perfeitamente utilitária.

A pré-história da máscara: histórias de suspeita e engano

Como se dá essa convergência de formas batidas e valores novos no primeiro Machado de Assis? Nos *Contos*

---

1. Reporto-me à seleção que preparei para a Biblioteca Ayacucho de Caracas, de onde extraí, com alguns retoques, o presente artigo.

fluminenses e nas *Histórias da meia-noite*, a maior angústia, oculta ou patente, de certas personagens é determinada pelo horizonte de *status*; horizonte que ora se aproxima, ora se furta à mira do sujeito que vive uma condição fundamental de carência. É preciso, é imperioso supri-la, quer pela obtenção de um patrimônio, fonte por excelência dos bens materiais, quer pela consecução dos bens materiais, quer pela consecução de um matrimônio com um parceiro mais abonado: "Onde acharei eu uma herdeira que me queira por marido?" – resume o inquieto Gomes, caça-dotes de "O segredo de Augusta".

No primeiro caso, a herança deve ser agenciada junto a parentes ricos, tios ou padrinhos de preferência, que poderão, se quiserem, testar em benefício do sujeito. Essa relação entre o candidato a herdeiro e o testador em potencial combina um interesse econômico inegável com uma tática de aproximação e envolvimento efetivo do segundo por parte do primeiro. Relação cruamente assimétrica: se existe no testador alguma disposição afetuosa, esta não existe no interessado senão em gestos calculados. Vice-versa: o cálculo existe, de fato, só no interessado.

Igual assimetria de interesse e sentimento impõe-se quando o plano tem por fim o casamento. O pretendente, ou a pretendente, aparece em situação de *status* inferior ou periclitante: é a hora de assomar a figura salvadora de uma noiva ou de um noivo.

Obviamente, a situação matriz é sempre o desequilíbrio social, o desnível de classe ou de estrato, que só o patrimônio ou o matrimônio poderá compensar.

Subjetivamente, o narrador acentua a composição necessária da máscara na pessoa do pretendente; e, como correlato mais provável, os sentimentos de decepção que o beneficiador acabará experimentando quando a máscara já não for tão necessária ao beneficiado e, por trás dela, se divisar a ingratidão ou mesmo a traição.

Ingratidão e traição desenham-se como efeitos estruturais de certas relações sociais assimétricas. Daí o ar de necessidade, de quase-naturalidade, que assumem em muitos dos enredos machadianos. Vauvenargues dizia: "Não há pessoas mais azedas que as doces por interesse."

Se esse é o processo na sua inteireza, nem por isso ele virá atualizado de ponta a ponta em cada um dos contos que o têm por significado. O narrador pode deslocar a tônica de um momento para outro, ou deter-se em um único, abrindo o caminho para o conto ser principalmente o relato de um *episódio* (a anedota de um casamento frustrado, por exemplo), ou principalmente o *retrato moral* de uma das partes afetadas, caso em que reponta a ambigüidade peculiar àquela situação de desnível entre as personagens.

Seja como for, o eu narrador dos contos iniciais parece ter ainda um grau baixo de consciência dessa ambigüidade. Ainda se pratica, em muitos casos, a repartição das almas em cínicas e puras. Ainda pune-se romanticamente o rapaz que finge sentimentos de amor (em "Luís Soares", em "O segredo de Augusta"), ou procura-se cancelar qualquer suspeita de interesse na conduta do futuro beneficiado ("Miss Dollar"). A ênfase nos bons sentimentos torna difícil medir o grau de desconfiança do ponto de vista em relação às molas reais da intriga. Em suma, à primeira leitura, ou há evidência de má-fé, ou evidência de lisura. Nem por isso alguns dos *Contos fluminenses* deixam de ser histórias de suspeita e engano.

Em "Miss Dollar" há uma viúva bela e rica, Margarida, a primeira de uma longa série machadiana de viúvas desfrutáveis. Logo aparece-lhe um pretendente, Mendonça, a quem a boa sorte fizera achar Miss Dollar, a cadelinha de estimação da moça. Margarida já recusara várias propostas de novo casamento, porque em todas entrevia a comichão da cobiça que, aliás, descobrira no marido morto. Apesar disso, acaba casando-se com Mendonça. Este, sabedor das suspeitas de Margarida, recusa-se à vida conjugal enquanto pairarem dúvidas sobre o seu desinteresse. No fim, tudo acaba bem. A suspeita dilui-se com o tempo. Mendonça tinha achado a riqueza, a cadelinha Miss Dollar, e soubera nobremente restituí-la, conquistando-a, com isso, para sempre.

"A mulher de preto" conta a história de uma traição, *mas* involuntária. Estêvão ama a mulher de um amigo, ignorando naturalmente o estado civil da amada. Ao sabê-lo, afasta-se, não antes de ter reaproximado o casal. A traição é uma saída que o conto abre e fecha duas vezes: primeiro, mostrando que a mulher de preto, repudiada outrora pelo marido, estava inocente da pecha de adultério; depois, acendendo a paixão de Estêvão, mas deixando claro que ele renuncia imediatamente ao conhecer a situação da moça. Parece que Machado precisava, ao mesmo tempo, entreabrir e exorcizar a possibilidade do engano.

O mesmo espectro ronda as "Confissões de uma viúva moça", em que uma mulher casada se deixa cortejar pelo melhor amigo do marido, embora resista às suas propostas de consumar o adultério. Como ela mesma diz ao amado: "Amo, sim, mas desejo ficar a seus olhos a mesma mulher, amorosa é verdade, mas até certo ponto... pura." Morto o marido, nada obstaria à união dos amantes; assim o espera a viúva, mas em vão; o antigo apaixonado volta-lhe as costas confessando-se homem de hábitos opostos ao casamento. "Era um sedutor vulgar." O logro executado a meias resulta, no fim, um logro inteiro.

Assim, os *Contos fluminenses* parecem escritos sob a obsessão da mentira. A qual, porém, ou é castigada, ou se prova uma suspeita falsa. Dar-se-ia o caso de seu autor ser um moralista ainda romântico disposto a nos pregar casos exemplares? Não e sim. Não, pelo que virá logo depois: Machado nunca foi, a rigor, um romântico (o Romantismo está às suas costas); mas sim, pelo gosto sapiencial da fábula que traz, na coda ou nas entrelinhas, uma lição a tirar.

Nas *Histórias da meia-noite* (1873), pela primeira vez o enganador triunfa. A novela chama-se "A parasita azul". O que nela acontece, apesar da amenidade geral do tom, quase bucólico, é simplesmente isto: o herói finge, o herói mente, o herói despista para conquistar a amada e o pai desta. E o contexto deixa claro: ele não triunfaria se não mentisse. Camilo Seabra começa a vida em Paris embaindo a fé do "bom velho", um fazendeiro goiano que o sustenta crendo-o estudante zeloso enquanto ele gasta o tempo como boêmio e parasita. Desse logro Camilo, de volta ao Brasil, passa a outros. Ao primeiro amigo que reencontra furta-lhe a namorada, Isabel. Ela, por sua vez, recusa todos os pretendentes, parece um enigma, mas é apenas a falsa ingênua que encobre o desejo de casar com o melhor dos partidos possíveis. E quem, senão o próprio Camilo, médico, herdeiro de fazendas, futuro deputado, além de namorado seu na infância? Isabel já sabe que é preciso fingir-se fria e distante para excitar o gosto da conquista no seu casanova goiano egresso do Boulevard des Italiens. O falar da moça, diz Machado, era "oblíquo e disfarçado". E o contista, também oblíquo e disfarçado, alivia com entremeios romanescos a dose de cálculo que vai disseminando na cabeça dos protagonistas. A resistência de Isabel é um plano que o postulante vence com outro. Camilo finge suicídio, o que precipita o "sim" de Isabel, já tão disposta a proferi-lo. O conto, comprido e assaz convencional no estilo, tem a sua moral: os apaixonados são mutuamente enganadores e, na exata medida em que sabem trapacear, alcançam a meta dos seus desejos. A casca é idílica, o cerne é realista-burguês. Mas por que separar casca e cerne?

O narrador das *Histórias da meia-noite* já está em trânsito para um "tempo" moral em que o que se julgaria cálculo frio ou cinismo (segundo a concepção de Alencar, por exemplo) começa a eleger-se como prática do cotidiano até mesmo no coração das relações primárias.

A necessidade da máscara como uma constante era um fato relativamente novo na história da ficção brasileira. Falta, nesses contos, aquele quase-nada quase-tudo, que é a rendição franca da consciência; e que virá em uma personagem honestíssima das *Memórias póstumas*, Jacó Tavares, para quem "a veracidade absoluta é incompatível com o estado social adiantado".

O jovem Machado introjeta a nova economia das relações humanas que começa a regular, cada vez mais conscientemente, os móveis da vida privada. Assim, é no trato das personagens que a novidade se torna ostensiva. Em outros aspectos da narração, Machado mantém-se fiel, sobriamente fiel, às instituições literárias do romance brasileiro romântico, que sempre se quis "realista": as descrições de paisagens e de interiores, a seqüência dos eventos, o sentido do tempo e, mesmo, as entradas metalingüísticas desses contos já estavam em Macedo, em Manuel Antônio, em Alencar. Machado será, talvez, mais neutro, mais seco, mais esquemático em todo esse trabalho de composição narrativa que ele aprendeu, quando não imitou, de outros contextos. O lastro da convenção não seria jamais subestimado por esse escritor, o único brasileiro que os nossos gramáticos puristas do começo do século XX julgaram digno de ombrear com os clássicos do seiscentos...

No fundo, não se tratava apenas de respeito à convenção lingüística. A deferência pela face institucional das Letras e da Sociedade é norma em Machado e significa o reconhecimento do forte pelo fraco. A instituição é, afinal, o espaço histórico já delimitado onde se obrigam e se satisfazem as necessidades básicas dos grupos humanos. É, em todas as acepções do termo, o seu *lugar-comum*. O lugar-comum não precisa ser belo nem sublime; basta-lhe a utilidade, como ao papel-moeda.

Embora a consciência da máscara e do jogo instituído não se mostre tão aguda nos primeiros contos, ela seguramente cresceu dos *Contos fluminenses* para as *Histórias da meia-noite*. Assim também crescia, na mesma década de 70, nos romances *A mão e a luva* e *Iaiá Garcia*, obras de intersecção de dois lugares-comuns: o do velho romantismo idealista e o do novo realismo utilitário, para o qual pendem as personagens femininas, capazes de sufocar os sentimentos do sangue em nome da "fria eleição do espírito", da "segunda natureza, tão imperiosa como a primeira". A segunda natureza do corpo é o *status*, a sociedade que se incrusta na vida.

A interpretação de Lúcia Miguel-Pereira[2] é francamente psicossocial. Parece-me uma boa leitura não só da

---

2. Lúcia Miguel-Pereira. *Machado de Assis*, São Paulo, Nacional, 1936. A interpretação foi retomada com maior felicidade em *Prosa de ficção*, 2ª. ed., Rio de Janeiro, José Olympio, 1957, pp. 59-107.

gênese dos enredos e tipos machadianos como, e principalmente, do cimento ideológico que os sustenta e os legitima em nome dos "cálculos da Vida". Apesar de todos os riscos do biografismo, a análise da autora põe o dedo na chaga existencial do homem Machado que passou de uma classe para outra cortando os laços que o amarravam à infância pobre. A passagem, a ruptura e a consciência da ruptura compõem a história moral de suas personagens femininas mais ambiciosas: Guiomar, em *A mão e a luva*, e Iaiá Garcia, no romance do mesmo nome.

Encontro no quinto capítulo de *A mão e a luva*, que tem por título "Meninice", uma confirmação plena da hipótese de Lúcia Miguel-Pereira. Guiomar, menina pobre, órfã de pai, vive com a mãe, cuja maior tristeza é vê-la padecer de estranhos desmaios seguidos de atitudes pensativas, concentradas. A certa altura o narrador entremeia um episódio revelador de um destino. Por uma fenda no muro que separa a casa de Guiomar da chácara vizinha, a menina vê como em sonho a imagem da riqueza que não a abandonará nunca mais. Há um muro entre a casa pobre e a casa rica, mas o racho é suficiente para passar uma pessoa:

"A primeira vez que esta gravidade da menina se tornou mais patente foi uma tarde em que ela estivera a brincar no quintal da casa. O muro do fundo tinha uma larga fenda, por onde se via parte da chácara pertencente a uma casa da vizinhança. A fenda era recente; e Guiomar acostumara-se a ir espairecer ali os olhos, já sérios e pensativos. Naquela tarde, como estivesse olhando para as mangueiras, a cobiçar talvez as doces frutas que pendiam dos ramos, viu repentinamente aparecer-lhe diante, a cinco ou seis passos do lugar onde estava, um rancho de moças, todas bonitas, que arrastavam por entre as árvores os seus vestidos, e faziam luzir aos últimos raios do sol poente as jóias que as enfeitavam. Elas passaram alegres, descuidadas, felizes; uma ou outra lhe dispensou talvez algum afago; mas foram-se, e com elas os olhos da interessante pequena, que ficou largo tempo absorta, alheia de si, vendo ainda na memória o quadro que passara.

A noite veio, a menina recolheu-se pensativa e melancólica, sem nada explicar à solícita curiosidade da mãe. Que explicaria ela, se mal podia compreender a impressão que as cousas lhe deixavam?"

Poucas linhas adiante, veremos Guiomar já amparada por sua madrinha, uma baronesa, junto à qual enriquecerá herdando-lhe os bens. Mais tarde, casará com um homem ambicioso a quem se ajusta como a mão à luva. Primeiro, o patrimônio, depois o matrimônio.

A sociedade levantou um muro entre as classes, mas esse muro tem as suas fendas. É possível às vezes passar de um lado para o outro, não precisamente pelo trabalho, mas cultivando e explorando as relações "naturais". Quem não se lembra da cena em que Capitu, escrevendo o seu nome e o de Bentinho no muro que separava as casas de ambos, dá começo franco ao idílio proibido? Capitu ficava "esburacando o muro". Assim, muito tempo depois de ter ultrapassado o esquema dos romances juvenis, Machado continuou escrevendo histórias de suspeita e engano.

Contos-teorias

Todos reconhecem nas *Memórias póstumas* o divisor de águas da obra machadiana. Otto-Maria Carpeaux chegou a falar em Machado de Assis como um desses raros escritores *twice born*, nascidos duas vezes, à maneira dos convertidos Santo Agostinho ou Pascal. Mas quem percorreu os contos e os romances da década de 70 está preparado para ver a resolução de um desequilíbrio. O vinho novo rompe um dia os odres velhos. À medida que cresce em Machado a suspeita de que o engano é necessidade, de que a aparência funciona universalmente como essência, não só na vida pública mas no segredo da alma, a sua narração se vê impelida a assumir uma perspectiva mais distanciada e, ao mesmo tempo, mas problemática, mais amante do contraste. Rompe-se por dentro o ponto de vista ainda oscilante dos primeiros contos. A ambigüidade do eu-em-situação impõe-se como uma estrutura objetiva e insuperável.

A partir das *Memórias póstumas* e dos contos enfeixados nos *Papéis avulsos* importa-lhe cunhar a fórmula sinuosa que esconda (mas não de todo) a contradição entre parecer e ser, entre a máscara e o desejo, entre o rito claro e público e a corrente escusa da vida interior. E, reconhecido o antagonismo, seu olhar se detém menos em um possível resíduo romântico de diferença que na cinzenta conformidade, na fatal capitulação do sujeito à Aparência dominante.

Machado vive até o fundo a certeza pós-romântica (ainda burguesa, "tardoburguesa", como diria um sociólogo italiano) de que é uma ilusão supor a autonomia do sujeito. E, porque ilusão, um grave risco para o próprio sujeito parecer diferente da média geral sancionada. Por curiosas que sejam as cabriolas do pensamento e estranhas as fantasias do desejo, não há outro modo de sobreviver no cotidiano senão agarrando-se firme às instituições; estas, e só estas, asseguram ao frágil indivíduo o pleno direito à vida material e, daí, ao doce lazer que lhe permitirá até mesmo balançar-se naquelas cabriolas e fantasias.

Vejo nos contos maduros de Machado, escritos depois de franqueada a casa dos quarenta anos, o risco em arabesco de "teorias", bizarras e paradoxais teorias, que, afinal, revelam o sentido das relações sociais mais comuns e atingem alguma coisa como a estrutura profunda das instituições.

(Nos grandes romances, *Memórias póstumas*, *Quincas Borba* e *Dom Casmurro*, as instituições cardiais serão, ainda e sempre, o Matrimônio e o Patrimônio; e respectivamente, o Adultério e o Logro – do latim: *lucrum*.)

O tom que penetra o conto-teoria não é o sarcasmo aberto do satírico, nem a indignação, a santa ira do moralista, nem a impaciência do utópico. Diria, antes, que é o humor de quem observa a força de uma necessidade objetiva que prende a alma frouxa e veleitária de cada homem ao corpo uno, sólido e manifesto das formas instituídas. Machado acaba roendo a substância do *eu* e do fato moral considerados em si mesmos; mas deixa viva e em pé, como verdade fundante, a relação de dependência do mundo interior em face da conveniência mais forte. É dessa relação que se ocupa enquanto narrador. Como diz o mais sábio dos bonzos:

"Se puserdes as mais sublimes virtudes e os mais profundos conhecimentos em um sujeito solitário, remoto de todo contato com outros homens, é como se eles não existissem. Os frutos de uma laranjeira, se ninguém os gostar, valem tanto como as urzes e as plantas bravias, e, se ninguém os vir, não valem nada; ou, por outras palavras mais enérgicas, não há espetáculo sem espectador" ("O segredo do bonzo").

A móvel combinação de desejo, interesse e valor social dá matéria a essas estranhas teorias do comportamento que se chamam "O alienista", "Teoria do medalhão", "O segredo do bonzo", "A Sereníssima República", "O espelho", "Conto alexandrino", "A igreja do diabo"...

Chegando mais perto dos textos, vê-se que a vida em sociedade, segunda natureza do corpo, na medida em que exige máscaras, vira também irreversivelmente máscara universal[3]. A sua lei, não podendo ser a da verdade subjetiva recalcada, será a da máscara comum exposta e generalizada. O triunfo do signo público. Dá-se a coroa à forma convencionada, cobrem-se de louros as cabeças bem penteadas pela moda. Todas as vibrações interiores calam-se, degradam-se à veleidade ou rearmozinam-se para entrar em acorde com ao convenção soberana. Fora dessa adequação só há tolice, imprudência ou loucura.

A necessidade de proteger-se e de vencer na vida – mola universal – só é satisfeita pela união ostensiva do sujeito com a Aparência dominante. E, por acaso, será lícito culpar esse pobre e vulnerável sujeito porque subiu com a maré do seu tempo para não se afogar na pobreza, na obscuridade e na humilhação? Machado não quer fazer o processo implacável dos "ajustados" (e a sagacidade de Lúcia Miguel-Pereira levantou aqui a ponta do véu autobiográfico); ele não quer acusar o sujeito porque foi incapaz de ser herói[4]. O

---

[3]. La Rochefoucauld: "Em todas as profissões e em todas as artes, cada um cria para si uma aparência e um exterior que põe no lugar da coisa cujo mérito quer obter; de sorte que o mundo todo não é composto se não de aparências, e é em vão que nos esforçamos para nele achar alguma coisa de real" (*Máxima* 270, na edição de 1665).

[4]. La Rochefoucauld: "As pessoas fracas não podem ser sinceras" (*Máxima* 316).

perfil meio caricato de suas consciências precárias ou venais é apenas um efeito de sombreamento no desenho das personagens. A crítica, silenciosa, tem um alvo maior: é o processo do Processo. O anúncio do *fatum* poderá valer por uma denúncia universal.

Nessa ordem de idéias interpreto o delírio de Brás Cubas. A Natureza, fonte primeira de toda a história dos homens, aparece como um ser frio, egoísta, surdo às angústias daqueles que ela mesma gerou. "Sim, egoísmo, não tenho outra lei. Egoísmo, conservação." A máscara é, portanto, uma defesa imprescindível, que vem de longe, de muito longe, como a pele do urso e a cabana de paus arrumadas pelo selvagem para se proteger do sol, do vento, da chuva. Se toda civilização é um esforço de defesa contra a madre-madrasta ("Sou tua mãe e tua inimiga"), por que negar ao deserdado social o direito de abrigar-se à sombra do dinheiro e do poder? Por que exigir que ele se furte ao "estatuto universal" pregado pela própria Natureza: "quem não devora é devorado"? A viagem de Brás Cubas, feita ao arrepio dos séculos, na direção das origens, alcança o Éden; mas que estranho paraíso perdido esse lugar sonhado em tantas mitologias! Aqui, nada de prados amenos nem de vergéis aquecidos pelo sol glorioso do Oriente. O *topos* inverte-se:

"[...] lembra-me só que a sensação de frio aumentava com a jornada, e que chegou uma ocasião em que me pareceu entrar na região dos gelos eternos. Com efeito, abri os olhos e vi que o meu animal galopava numa planície branca de neve, com uma ou outra montanha de neve, vegetação de neve, e vários animais grandes e de neve. Tudo neve; chegava a gelar-nos um sol de neve" (*Memórias póstumas*, cap. VII).

No princípio, era a Necessidade. Mas é imperioso superá-la. Os meios para obter o calor da segurança estão legitimados. A máscara está justificada pela marcha da civilização. Que a moral tradicional, vãmente idealista, se torça e se inverta e subverta sob todos os sofismas que a argúcia humana puder inventar, contanto que o indivíduo alcance libertar-se daquelas origens frias, carentes, molestas.

Sob as espécies de uma perspectiva universal agônica e fatalista, Machado foi o mais "realista" dos narradores brasileiros do seu tempo; aquele que mais desassombradamente entendeu e explorou o espírito da nova sociedade e mais nitidamente o inscreveu em figuras e enredos exemplares. E (será preciso dizê-lo?) o tom desse realismo não pode ser jubiloso nem ecoar a ideologia eufórica de tantos dos seus contemporâneos embasbacados pelo progresso da República, um Olavo Bilac e um Coelho Neto, por exemplo. Não há conformismo em Machado, há o conhecimento de que os homens se defendem.

Do "Alienista", primeira novela de Machado maduro, não basta dizer que faz a sátira do cientificismo aplicado ao estudo da loucura. É verdade que, sendo a partilha entre razão e desrazão o cerne da trama, a história toma o ar divertido de uma *comédie d'erreurs* sobre a qual paira sempre a sugestão de ser o alienista o único alienado. E esse é o efeito de superfície, o paradoxo que o narrador sustém do começo ao fim da novela. O típico, o *exemplum* que gera o cômico, parece, à primeira leitura, estar só do lado do Dr. Simão Bacamarte, homem de ciência até a medula, conseqüente até o ridículo. O Dr. Bacamarte, como as prima-donas de ópera, rouba a atenção do leitor.

Mas essa história de loucos quer-me parecer índice de uma outra dimensão, que inclui e ultrapassa a caricatura do perfeito alienista. Porque há nela o desenho claro de uma *situação de força*. Bacamarte não é, absolutamente, o tipo do cientista maluco, marginal, entregue à irrisão dos bem-pensantes. Filho da nobreza da terra, ele traz para a colônia a nomeada de maior médico de Portugal e das Espanhas. Protegido pelo rei, fora convidado para reger a Universidade de Coimbra ou, se preferisse, despachar os negócios da Monarquia. Ele *pode* executar os projetos da ciência que o obseda. Seu *status* de nobre e portador do valimento régio transforma-o em ditador da pobre vila de Itaguaí. A população sofre os efeitos de um terrorismo do prestígio de que as relações entre médico e doente, psiquiatra e louco, são apenas casos particulares. O eixo da novela será, portanto, o arbítrio do poder antes de ser o capricho de um cientista de olho metálico. É claro que as coisas aqui andam juntas, pois uma só é a personagem que enfeixa os poderes do *status* e da ciência, a que vieram somar-se, quase por acaso, rios de dinheiro. Mas na hora *h* do risco, quando um grupo popular se insurge contra a tirania do médico marchando até a Câmara e exigindo o fim do terror, os vereadores respondem "que a Casa Verde era uma instituição pública, e que a ciência não podia ser emendada por votação administrativa, menos ainda por movimentos de rua".

O hospício é a Casa do Poder, e Machado sabia disso bem antes que o denunciasse a antipsiquiatria.

Em todos os passos e vaivéns da rebelião, o alienista contou com a força vitoriosa: primeiro vem em seu socorro a polícia, o corpo de dragões; com a defecção destes e a vitória do barbeiro Porfírio, a situação de Bacamarte parece desesperada, mas é o mesmo Porfírio vencedor que procura o médico, interessado agora em angariar-lhe o poder que momentos antes contestara à mão armada; enfim, a intervenção militar ordenada pelo vice-rei restaura Bacamarte em todo o esplendor do seu prestígio, entregando ao hospício todos os revoltosos... além daqueles vereadores que não tinham sabido resistir-lhes. Mais tarde, mudada a teoria (loucos seriam os que cultivam virtudes raras), o alienista não hesitará diante dos maiorais da vila e recolherá à Casa Verde o padre e o juiz-de-fora.

Há, pois, uma situação prévia de domínio que dobra a língua e a espinha dos que rodeiam Simão Bacamarte. Esse domínio se exerce em nome de uma atividade considerada neutra, "acima dos apetites vulgares": a ciência, o amor à Verdade, que inspira o psiquiatra.

Aonde Machado quis chegar pintando o médico da mente quando investido de plenos poderes? Bacamarte pretende separar o reino da loucura do reino do perfeito juízo. A confusão em que ambos se misturam aborrece-o; é preciso traçar com a lâmina aguda da ciência o fio da discriminação: loucos de um lado, sãos de outro. Para levar a efeito o seu critério dualista ele tem que saber o que é a *normalidade*. E toda vez que Bacamarte recolhe alguém, não estará, porventura, supondo que já sabe o que é o estado normal de que se teria desviado o novo hóspede? No princípio, os sintomas não deixam margem a dúvidas; não parece normal o rapaz que se supõe estrela-d'alva, nem o seria o pobre-diabo que se autonomeia conde, mordomo do rei, deus Doão... Mas, afora esses casos já apontados ao ridículo pelo bom senso das gentes, o que haveria de anormal na atitude dos outros recolhidos à Casa Verde? Apenas um extravasamento qualquer da subjetividade, uma afirmação mais forte de caráter, um gesto do *eu* que se aparta da média, cuja conduta Bacamarte supõe conhecida e regulada pela rotina, sem um traço sequer de diferenciação. O normal seria algo de homogêneo repetido ao infinito. O normal é a forma pura da aparência pública, a forma formada, a forma alheia a qualquer movimento interior. O "institucional" sem surpresas, esta é a essência da razão que se impõe como critério de sanidade na cabeça do alienista. Costa é um rapaz pródigo que acabou dissipando seus bens em empréstimos infelizes? Seja preso por mentecapto. Sua tia, mulher simples, intercede por ele e atribui ao azar a sua liberalidade: o alienista vê demasias na fala da mulher e mete-a igualmente entre as grades. O poeta Martim Brito amava as metáforas arrojadas dizendo, numa ode à queda do marquês do Pombal, que o ministro fora o "dragão aspérrimo do Nada" esmagado pelas "garras vingadoras do Todo": tanto bastou para que Simão o alojasse na Casa Verde. Os outros casos tocam a mesma solfa: a vaidade infantil de um proprietário que contempla extasiado a sua casa; a hesitação de D. Evarista entre ir à festa com um colar de granada e um de safira; ou a dubiedade medrosa do boticário; ou a perfeita inocuidade dos cultores de enigmas, dos fazedores de charadas e anagramas. "Tudo era loucura."

Depois, o critério da estatística, tão caro à nova ciência, lembra ao médico que a *norma* está sempre com a maioria, e que é esta afinal quem tem razão. Bacamarte não trepida: cientista probo, refaz a teoria, solta os recolhidos e sai ao encalço daqueles poucos que, por abnegação ou coerência moral, formavam minoria e agiam ao arrepio do sistema: a mulher do boticário, o padre, o juiz-de-fora. Enfim, a lógica do método não pára. A coerência mais pura está no próprio alienista, fiel, do começo ao fim, à miragem da verdade; como tal, exceção perfeita, juízo íntegro, e único itaguaiense digno de ser encerrado na Casa Verde.

De um extremo a outro, dos alucinados ao sábio, o critério permanece o mesmo, metodicamente o mesmo: é preciso apartar do convívio público todo aquele que se diferencia, de algum modo, da norma instituída, da aparência dominante. Essa é a única ciência, niveladora e eficaz, à qual se dobram o rei, o vice-rei, a Câmara e todos os homens da cidade. Mas nem a Câmara, nem o vice-rei, nem o rei podem impedir que a lógica violenta da regra se volte contra o seu cumpridor e se puna e se negue até a própria extinção. Bacamarte, bacamarte.

Às vezes Machado se diverte mostrando os cuidados e as penas que uma família, um grupo e até um povo inteiro se infligem a si próprios para se abrigarem no porto seguro da ordem externa. O trabalho da educação residirá, talvez, neste esforço: conduzir o homem à crença nas opiniões correntes, que são um nada, mas um nada garantido, isento dos revezes da contradição. Nessa perspectiva, a "Teoria do medalhão" forma, ao lado da "Sereníssima República" e do "Segredo do bonzo", a trilogia da Aparência dominante. Nos três, o acesso à verdade pública requer atenção e uma apurada vigilância para obstar que algum espevitamento subjetivo estorve a adesão ao ensino dos maiores.

Primeiro, a iniciação à vida pública que, "guardadas as proporções", o mestre compara ao *Príncipe* de Maquiavel. Ser medalhão é atingir aquela plenitude do vazio interior que estava nas dobras da teoria da normalidade do finado Dr. Bacamarte. Nada no futuro medalhão deverá fluir das águas fundas da alma: efígie da instituição, e só da instituição, ele precisa "entrar francamente no regímen do aprumo e do compasso". O perigo, iminente nos mais jovens, será o de perturbar essa nobre compostura com algum reflexo ou emanação do espírito que fariam supor aos outros a existência de um rosto por trás da máscara. Igual risco poderão correr os que se preocupam em expender idéias pessoais; para esconjurá-lo, porém, há meios seguros: "ler compêndios de retórica, ouvir certos discursos, etc. O voltarete, o dominó e o *whist* são remédios apropriados. O *whist* tem até a rara vantagem de acostumar ao silêncio, que é a forma mais acentuada de circunspecção".

Por mais de uma vez prega-se a meta da perfeita inópia, da vacuidade sem margens: à ausência das idéias corresponderá ou o silêncio, ou o vocabulário apoucado ou, em caso extremo, o lugar-comum, "as locuções convencionais, as fórmulas consagradas pelos anos, incrustadas na memória individual e pública. Essas fórmulas têm a vantagem de não obrigar os outros a um esforço inútil". O último período situa o candidato a medalhão no seu contexto habitual: os seus ouvintes, que ele precisa igualar, e que já terão conquistado aquele perfeito vazio necessário para preservar o *status*.

Com a redução e, se possível, a morte das diferenças, cresce a face externa e pública do candidato: a "Teoria do medalhão" conhece o valor preciso da propaganda cujo papel é ostentar a forma vencedora, a única que interessa à *persona social*. "Em política, o que parece é" – frase atribuída ao finado ditador português, Dr. Antônio de Oliveira Salazar, poderia servir de boa epígrafe ao conto: "Não te falei ainda dos benefícios da publicidade. A publicidade é uma dona loureira e senhoril."

Se o uso do termo "medalhão" e o teor paradoxal do discurso supõem um tom de escárnio, convém, mais uma vez, não esgotar a leitura no seu efeito de riso e paródia. Como o alienista, o medalhão traz em si o carisma da autoridade, é a voz sempre igual da soberania e dos seus valídos; e se o candidato ao galarim da fama deve reprimir e suprimir afetos ou idéias espontâneas, é porque a vida social média tampouco tolera que se mostre a cara por um minuto sequer. A mascarada é séria.

Em "A Sereníssima República" surpreende-se o momento em que nasce uma instituição: o conto é, segundo palavra do próprio autor, uma paródia do pacto eleitoral brasileiro.

O narrador constrói de forma bizarra o foco da enunciação: quem fala é um cônego especialista em aranhas e leitor atento de Büchner e de Darwin, a quem considera sábios de primeira ordem, salvo as "teorias gratuitas e errôneas do materialismo". A camada aparente do enunciado se dá no discurso do cônego Vargas, que comunica aos ouvintes de uma palestra o resultado da descoberta notável que fizera no mundo das aranhas: encontrara uma espécie dotada do uso da fala. O recurso de Machado é *philosophique*, à maneira dos fabulistas e satíricos da literatura clássica: falar de animais, ou de povos exóticos, emprestando ao foco narrativo um ponto de vista distanciado de puro observador. O texto poderá, assim, produzir um efeito de estranheza ao expor situações correntes no contexto a que pertencem, não os animais, mas o escritor e os seus leitores. E essa é a camada escondida ou entremostrada no conto. *De te fabula narratur*. Quando o leitor percebe o jogo, a estranheza cede lugar ao riso do desmascaramento. Era o modo de trabalhar de Swift, por exemplo, nas *Aventuras de Gulliver*.

O cônego *doublé* de cientista primeiro domina a língua dos seus aracnídeos, depois se põe a inculcar nas aranhas mais velhas a arte de governar. A ciência positiva do século não se basta com o conhecimento; quer disciplinar de fora a vida dos seres observados, acrescendo a sua dose de coerção com o poder sacerdotal:

"Duas forças" – pondera o cientista – "serviram principalmente à empresa de as congregar: – o emprego da língua delas, desde que pude discerni-la um pouco, e o sentimento de terror que lhes infundi. A minha estrutura, as vestes talares, o uso do mesmo idioma, fizeram-lhes crer que era eu o deus das aranhas, e desde então adoraram-me. E vede o benefício desta ilusão. Como as acompanhasse com muita atenção e miudeza, lançando em um livro as observações que fazia, cuidaram que o livro era o registro dos pecados, e fortaleceram-se ainda mais na prática das virtudes."

Instala-se no pequeno mundo vigiado das aranhas a moral do terror. E junto com esta o pacto político, que não é criado espontaneamente, por necessidade interna: o regime público vem imposto de fora, do contexto de coação armado pela ciência manipuladora deste cônego pré-behaviorista.

Como o medo, e só o medo, de desagradar ao poder externo é a gênese da vida política das aranhas, a prática eleitoral vai constituir-se em um jogo fraudulento de forma democrática e substância oligárquica. Machado acentua o lado da forma jurídica (o importante é que o regime mostre uma cara limpa), mas deixa entrever que a face é disfarce. As aranhas, obrigadas a realizar o sorteio dos candidatos mediante a extração de bolas de um saco, encontram mil modos de viciar o processo, ora corrompendo os oficiais, ora interpretando manhosamente os resultados. Até a filologia é chamada a dirimir dúvidas em favor dos derrotados. O fato é que o regime instaurado se vai reproduzindo e perpetuando não só pela força que lhe dera ocasião (o terror sagrado infundido pelo cônego-cientista), como pela confiança que nele têm os cidadãos circunspectos da República. "E vede o benefício desta ilusão."

Os passos foram estes. Em um primeiro tempo, travam-se como causa e efeito o medo e o pacto político. Em um segundo tempo, já instituído o regime de representação, concorrem a fraude, que volta em cada eleição, e a consciência jurídica idealista, que espera sempre no aperfeiçoamento do sistema democrático. É ela que diz às aranhas tecedeiras:

"– Vós sois a Penélope da nossa república; tendes a mesma castidade, paciência e talentos. Refazei o saco, amigas minhas, refazei o saco, até que Ulisses, cansado de dar às pernas, venha tomar entre nós o lugar que lhe cabe. Ulisses é a Sapiência."

O progressismo crê na evolução dos costumes eleitorais das aranhas e dos homens, que, tendo superado as fases do terror teocrático e das oligarquias, aportarão um dia à sapiência. Mas repare-se: o modelo da boa moral política se perfaz curiosamente na figura do mais astuto dos gregos, Ulisses. Quando Ulisses vier, a malícia da razão estará para sempre consagrada? As aranhas terão passado de vez à sua segunda natureza, ao pacto social, outrora imposto, afinal interiorizado; e Penélope, guarda fiel da democracia, poderá enfim descansar.

A tensão existe enquanto as duas naturezas não encontram o seu ponto ideal de fusão. Este só se dá quando o indivíduo se transmuda no seu papel social. A norma política, hipostasiada na conduta e na consciência de cada um, é a garantia única de uma tranqüila autoconservação. A norma: sem falha nem sobra. E a sapiência: o que nas origens foi coação um dia será consenso.

"O segredo do bonzo" é outra variante do conto filosófico do século XVIII. Dá-se como "capítulo inédito de Fernão Mendes Pinto", o cronista português que visitou a China ao tempo dos descobrimentos e sobre ela escreveu as suas fabulosas *Peregrinações*. O foco narrativo é um observador curioso e perplexo diante de um mundo estranho, o reino de Bungo. Estranho pelo teor dos discursos que fazem os seus bonzos em praça pública; e mais estranho ainda pela reverência e pelo entusiasmo com que os seus naturais recebem tais discursos.

Um bonzo, de nome Patimau, dizia que os grilos se engendram do ar e das folhas de coqueiro na conjunção da lua nova. Outro, chamado Languru, ensinava que o princípio da vida futura estava oculto em uma certa gota de sangue de vaca. E um e outro eram exaltados pela gente de Bungo que os ouvia.

Os dois casos servem de prólogo e motivação à fala do terceiro e mais sábio dos bonzos, Pomada, que se digna revelar ao narrador a essência da verdade. *A essência é a aparência*. Nas palavras do mestre:

"Mal podeis adivinhar o que me deu idéia da nova doutrina; foi nada menos que a pedra-da-lua, essa insigne pedra tão luminosa que, posta no cabeço de uma montanha ou no píncaro de uma torre, dá claridade a uma montanha inteira, ainda a mais dilatada. Uma tal pedra, com tais quilates de luz, não existiu nunca, e ninguém jamais a viu; mas muita gente crê que existe e mais de um dirá que a viu com os seus próprios olhos. Considerei o caso, e entendi que, se uma coisa pode existir na opinião, sem existir na realidade, e existir na realidade, sem existir na opinião, a conclusão é que das duas existências paralelas a única necessária é a da opinião, não a da realidade, que é apenas conveniente."

Tal é a sabedoria de Pomada; e dificultosa coisa será, nos tempos que correm, furtar-me à tentação inocente de apontar o isomorfismo que liga o nome do bonzo à doutrina que ele prega: pomada é o que se passa por cima da pele assim como a aparência recobre o real. Machado, aliás, explica em nota: "O bonzo do meu escrito chama-se Pomada, e pomadistas os seus sectários. Pomada e pomadista são locuções familiares de nossa terra: é o nome local do charlatão e do charlatanismo."

Mas a história ainda não acabou. Os ouvintes, feitos pomadistas convictos, resolvem pôr à prova o novo ensinamento, já agora movidos também pelo amor do lucro ou da fama. O conto-teoria se ilustra no conto-exemplo. São três as experiências e todas bem-sucedidas. Mediante uma propaganda bem concertada, os pomadistas levam os cidadãos do reino de Bungo primeiro a comprar em massa as mais vis alpercatas que um deles fabrica, depois a aclamar com delírios uma execução, apenas medíocre, de chamarela feita pelo outro. Os dois casos já dizem bastante da carga assestada pelo narrador contra o consumo da ilusão. Mas ainda convém esperar pelo terceiro, cabal ilustração da doutrina. É a história dos narizes doentes e dos narizes metafísicos. Com sua autoridade de médico, o amigo do cronista consegue provar que não é só possível como altamente vantajoso aos que padecem de uma horrível deformação nasal cortar o órgão enfermo e substituí-lo por outro que, embora ninguém veja, existe na condição transcendental, aliás própria do ser humano. A opinião alcança aqui o extremo dos seus poderes mágicos: ela cria do nada não só a essência do nariz como a sua aparência. Os doentes mutilados continuaram assoando os seus narizes metafísicos. Não há lugar para uma veleitária "verdade subjetiva": os súditos, ao menos, não conhecem outra verdade que não seja a pura consonância com os soberanos.

"O espelho", talvez o mais célebre dos contos-teoria de Machado de Assis, investe contra as certezas do eu romântico. O que diz a narrativa? Que não há nenhuma unidade prévia da alma. A consciência de cada homem vem de fora, mas este "fora" é descontínuo e oscilante, porque descontínua e oscilante é a presença física dos outros, e descontínuo e oscilante o seu apoio. Jacobina só conquistará a sua alma, ou seja, a auto-imagem perdida, quando fizer um só todo com a farda de alferes que o constitui como tipo. A farda é símbolo e é matéria do *status*. O eu, investido do papel, pode sobreviver; despojado, perde o pé, dispersa-se, esgarça-se, esfuma-se. Não tem forma, logo não tem unidade. Ter *status* é existir no mundo em estado sólido.

Mas o conto diz mais. Diz que não basta vestir a farda. É preciso que os outros a vejam e a reconheçam como farda. Que haja olhos para mirá-la e admirá-la. *O olhar dos outros: primeiro espelho.* Quando esse olhar faltou a Jacobina, quando se viu só na fazenda da tia de onde até os escravos desertaram, ele procurou o seu próprio olhar. O olhar que não sente a aura doce do olhar do semelhante vai à procura do espelho. O espelho dirá que o eu *parece* ser. Mas Jacobina está sem farda; falta-lhe a aparência do *status*; apenas a aparência, diriam os românticos; sim, mas por isso falta-lhe a realidade, o ser, ensina Machado. O espelho, suprindo o olhar do outro, reproduz com fidelidade o sentido desse olhar. Sem farda, não és alferes; não sendo alferes, não és. "O alferes eliminou o homem." O estado sólido do *status* liqüefez-se, evaporou-se. O que Jacobina quer ver quando se olha ao espelho? A imagem de si tal qual a vê o olho do outro; do outro que a reconhece por alferes; do outro que o agracia como a alguém que subiu na vida. A opinião era o seu único espelho fidedigno; ausente ela, quebrado este, a imagem que resta é o lado do sujeito, em enigma. Mas Jacobina veste de novo a farda e olha-se ao espelho: o espelho restitui-lhe a alferidade e Jacobina volta a existir para si próprio.

Reencontrada a "alma exterior", ela absorve a interna, assim como, no início da história, as velas da casa de Santa Teresa, "cuja luz fundia-se misteriosamente com o luar que vinha de fora".

Não poderia ter descido mais fundo a teoria do papel social como formador da percepção e da consciência. "O espelho" faria as delícias de um contemporâneo de Machado, o sociólogo francês Émile Durkheim, e de todos os que identificam o eu com a sua função. Não há para a alma interna outra saída senão a integração a qualquer custo na forma dominante. Jacobina, que, no momento de contar a sua "estranha" experiência, é um quarentão "capitalista", "astuto" e "cáustico", fora já "um rapaz pobre": "tinha vinte e cinco anos, era pobre, e acabava de ser nomeado alferes da guarda nacional". O que separa o último estado do primeiro, o narrador da história narrada, é, simples e brutalmente, a passagem de classe, o aprendizado das aparências. A hora de subir do primeiro degrau para o segundo fora a hora decisiva, a hora em que Jacobina vestiu para sempre a alma externa, a farda. "Daí em diante, fui outro."

Machado conduz a narrativa de tal modo que se torne um ato de sobrevivência a entrega da vida interior ao estado civil. O processo de composição do "Espelho" está nos antípodas do romance de Pirandello, *O falecido Mattia Pascal*, em que o protagonista busca a salvação tentando driblar seu estado civil: finge-se morto e apaga os rastros de seu nome de família, da profissão, do *status*, enfim, de todas as relações sociais que o cercearam desde a infância. Mas o sentido de ambos os textos converge para o mesmo ponto: é impossível viver fora das determinações sociais. O tom diverge: Pirandello lamenta pateticamente o beco em que foi parar o projeto anárquico de Mattia Pascal; Machado apenas confirma, uma vez mais, a necessidade da máscara.

Historicamente, Machado e Pirandello exprimiram o reconhecimento da soberania exercida pela forma social burguesa. Isto é: a aceitação pós-romântica da impotência do sujeito quando o desampara o olhar consensual dos outros. Consolida-se nesse fim de século uma triste concepção especular da vida pessoal precisamente quando a mesma cultura burguesa, em dilacerante processo de autocisão, quer penetrar nos labirintos do Inconsciente e do sonho. Mas o realismo narrativo de Machado está atento à lei da máscara, à lei da segunda natureza, "tão imperiosa quanto a primeira". O sonho, quando surge, não faz senão perseguir a situação da vigília e, em vez de libertação, traz da vida social a imagem do *status* almejado: "Nos sonhos, fardava-me, orgulhosamente, no meio da família e dos amigos, que me elogiavam o garbo, que me chamavam alferes; vinha um amigo de nossa casa, e prometia-me o posto de tenente, outro o de capitão ou major; e tudo isso fazia-me viver." Outro não é o sentido, embora muito mais dramático, do delírio de Rubião, em *Quincas Borba*: é feito daquelas doces promessas de prazer que as máscaras da vigília lhe haviam recusado.

Na sua construção, "O espelho" delega a voz narrativa central à primeira pessoa. Com a ajuda desse procedimento o tema da rendição à Aparência dominante é trabalhado, não como um fato curioso, digno de um picante conto *philosophique*, mas como a experiência vivida e capital de um destino. Diante do espelho, Jacobina se consagra, como em um rito, ao regime da opinião num átimo que empenha o futuro inteiro do eu narrador. Esse átimo, que parece, em si, tão misterioso, é o modo insólito que Machado encontra para falar da passagem que a maioria dos homens deve cumprir: da inexperiência ou da ingênua franqueza à máscara adulta.

Do lado do sujeito: o enigma

"O espelho" é matriz de uma certeza machadiana que poderia formular-se assim: só há consistência no desempenho do papel social; aquém da cena pública a alma humana é dúbia e veleitária.

Ora, se o lado íntimo do comportamento não oferece congruência, a sua descrição vira fatalmente um problema. O narrador já não conta com o sólido lastro dos *tipos*. Estes ficaram atrás, na pintura moralista dos caracteres, dos retratos, dos medalhões. Ou na velha comédia dos avarentos, dos hipócritas, dos ingênuos...

A experiência radical vivida em "O espelho" só permite a fixação segura da máscara, da farda vitoriosa, do papel que absorveu perfeitamente o homem. A outra face, a que se partira e se estumara diante do vidro, permanece uma interrogação. É o corpo opaco do medo, da vaidade, do ciúme, da inveja; numa palavra, o enigma do desejo que recusa mostrar-se nu ao olhar do outro. O narrador faz, discreta mas firmemente, as vezes desse olhar. Quem entrevê o que se passa por trás da máscara da terceira pessoa já foi primeira pessoa, já se olhou ao espelho[5].

A veleidade de mostrar sentimentos profundos de amizade e de amor embala D. Benedita em um vaivém de enleios e enlevos que se esvaem. Na verdade, tais "sentimentos" não são indispensáveis à sobrevivência social de D. Benedita; por isso ardem e morrem como fogo-fátuo. O retrato dessa dama do Segundo Império, um dos mais imponderáveis que já se escreveram em nossa língua, colhe a espuma efervescente de uma alma que não conhece outra dimensão além da superfície. O conto, graças a seu final quase alegórico, em que aparece a fada Veleidade, poderia aproximar-se do gênero "pintura de um caráter". O subtítulo é, mesmo, "um retrato". Paradoxalmente, esse caráter não chega a assumir os contornos necessários à construção do tipo e, como o vulto que surge no fecho da história para assombrar a dama, ele é vago, "trajado de névoas, toucado de reflexos, sem contornos definidos, porque todos morriam no ar".

Como se compõe e ao mesmo tempo se desmancha a vida interior de D. Benedita? O procedimento do narrador é analítico, a sua psicologia é o sensismo. O comportamento da interessante senhora alinhava sensações fini-

---

5. Revendo esta leitura de "O espelho", pareceu-me que mereceria um complemento: a marcação da *consciência pessoal* do narrador que evoca e analisa a sua fixação em tipo social (ver adiante, p. 161).

tas, rápidas, e que só por isso parecem intensas. São átomos psíquicos volteando numa dança caprichosa que não consegue deter-se na evocação ou no projeto. A boca de D. Benedita não tinha remorsos nem saudades, e o analista deixa em suspenso informar se tinha ou não desejos. O enredo acaba mostrando que os desejos paravam aquém da vontade e desconheciam o sentimento real do futuro, que é a esperança. Tudo nela cingia-se àquele presente que cai depressa no olvido quando sobrevêm outras sensações, erráticas por natureza, trazendo o gosto de um novo e também efêmero presente. O retrato de D. Benedita não estará no limite de uma concepção de pessoa como resposta imediata aos vaivéns do temperamento e das circunstâncias? O mistério romântico do sujeito e os segredos da alma quedam-se assim pendentes de um jogo de acasos que de fora vem produzir gestos, palavras, veleidades de ação. O "dentro" será sempre aquela imagem partida e esfumada, carente de autodeterminação, que Jacobina viu ao espelho, sempre à espera de um estímulo que lhe dê, afinal, consistência. As diferenças entre as pessoas, embora sensíveis a olho nu, afundam raízes no solo comum do instinto, que quer o prazer, e da sociedade, que persegue o interesse. E prazer e interesse responderiam à pergunta: o que está atrás da máscara? De qualquer modo, são tão matizados os graus e os momentos do mascaramento e tão várias, se não infinitas, as combinações tecidas pelo acaso, que o modo próprio de ser de cada pessoa parecerá, ainda e sempre, um enigma.

Essa constatação permite apreciar a riqueza e a flexibilidade dos contos-retratos. Há neles uma convergência do ser singular, do nome próprio infenso à explicação (*individuum ineffabile*) com o universal do instinto e do interesse. A inerência do indivíduo no gênero humano costuma apreender-se e recortar-se na esfera do particular, do tipo. No conto "Dona Benedita", é a Veleidade que serve de mediação qualificadora, mas fica inalterado o sabor delicadíssimo da combinação pessoal, talvez única, irrepetível, e que o nome próprio recobre: D. Benedita será veleitária, sim, mas é também mais e menos que a veleidade, é D. Benedita.

Outros contos vão armar situações objetivas em que a mesma realidade, a inconsistência do sujeito, se dirá de modos diversos.

Mestre Romão, a personagem principal de "Cantiga de esponsais", gostaria de compor belas melodias. É bom maestro, sabe tocar cravo, mas não consegue traduzir em notas novas o seu desejo de canto. E a música perseguida anos a fio desde o seu casamento, a cantiga de esponsais que deixara apenas em esboço, chegará aos ouvidos de mestre Romão, cinco minutos antes de sua morte, cantada por uma noiva em lua-de-mel. A beleza não é obra da vontade, mas dom, graça do acaso que premia a quem quer e não os que a querem. O sujeito aqui não é veleitário como D. Benedita, é impotente. E o narrador adverte: tudo quanto não alcançou a aparência da forma, não existe:

"Parece que há duas sortes de vocação, as que têm língua e as que a não têm. As primeiras realizam-se; as últimas representam uma luta constante e estéril entre o impulso interior e a ausência de um modo de comunicação entre os homens. Romão era destas."

A natureza parece não ser nem mais justa nem mais igualitária que a sociedade; e Machado faz passar de uma esfera para a outra a distribuição aleatória dos bens.

Um dos seus contos mais perturbadores, "Verba testamentária", tem no centro a ferida da desigualdade entre os dons e dotes recebidos pelos homens. E o que parece apenas o vívido medalhão de um caráter mórbido (Nicolau, o invejoso) toca fundo no mecanismo da vida social como espaço de diferenças gratuitas, mas fatais, já dadas ao homem desde que chega a este mundo. Machado faz nascer a inveja como a percepção e o sentimento atroz do desnível e, ao mesmo tempo, como o desejo lívido de compensá-lo pela destruição de tudo quanto confere ao invejado a sua intolerável superioridade. Nicolau detesta o mais rico, o mais belo, o mais elegante, o mais gracioso, o mais talentoso, o mais famoso.

O conto é encaminhado de tal jeito que não se possa falar de uma simples cobiça deste ou daquele bem como o móvel do ódio de Nicolau. O seu caso seria então inveja pura, aversão ontológica à superioridade? É o que parece quando o conto se organiza como pintura de um tipo: "Sim, leitor amado, vamos entrar em plena patologia." "[...] esse menino não é um produto são, não é um organismo perfeito. Ao contrário, desde os mais tenros anos manifestou, por atos reiterados, que há nele algum vício interior, alguma falha orgânica." E o cunhado de Nicolau faz, mesmo, um diagnóstico preciso: é um verme no baço. No entanto, já sabemos, as teorias machadianas estão cheias de anomalias que escondem a experiência do cotidiano mais chão. A inveja de Nicolau é menos visceral do que parece: ela tem começo na sua história de vida, na série de atos de destruição cometidos pelo menino, dos quais o primeiro se volta contra os brinquedos mais finos ou mais raros dos companheiros. O motivo, a modéstia econômica dos pais, é posto discretamente entre parênteses na entrada de sua biografia:

"O pai era um honrado negociante ou comissário (a maior parte das pessoas a que aqui se dá o nome de comerciantes, dizia o marquês de Lavradio, nada mais são que uns simples comissários) [...]"

Como em outras vezes, essa origem pobre é logo superada: a família viverá na folgança, até "com certo luzimento", e o próprio Nicolau terá condições de eleger-se deputado à Constituinte de 1823, embora lhe punja não compartilhar do alto destino de ser "um exilado ilustre", como tantos outros políticos do Primeiro Império.

Ao episódio infantil dos brinquedos quebrados, segue-se outro, muito significativo, pois nele entra a inveja de Nicolau por uma farda, uma galante fardinha de... alferes envergada por um colega. Dos jogos passou às roupas e das roupas às caras dos meninos mais bonitos e aos livros dos mais adiantados no estudo. O conto cresce ora pela junção de episódios que ilustram o comportamento de Nicolau, cada vez mais irritável e violento, ora pela contrapartida da sua conduta amável e até doce para com as naturezas reles, vulgares e subalternas a quem distribuía mimos e abria a alma.

Ora, parece que é nessa outra face de Nicolau, simpática só aos antipáticos, que o retrato do invejoso clássico sofre outra determinação: a inveja como desejo de compensar as diferenças aleatórias que a natureza produz e a sociedade consagra. Haveria uma terrível e paradoxal "justiça" reparadora nessa aversão de Nicolau aos seres reconhecidamente superiores, somada à sua atração pelos publicamente inferiores. Nicolau inverte a ordem do acaso: pune os bem-dotados pela sorte e premia os esquecidos dela. É para dizer isso que o narrador põe na cabeça do conto a última cláusula do testamento de Nicolau, que dispunha sobre o caixão em que desejava ser enterrado: o ataúde deveria ser feito pelo carpinteiro mais canhestro e mais desprezado da cidade:

"[...] ITEM, é minha última vontade que o caixão em que o meu corpo houver de ser enterrado, seja fabricado em casa de Joaquim Soares, à rua da Alfândega. Desejo que ele tenha conhecimento desta disposição, que também será pública. Joaquim Soares não me conhece; mas é digno da distinção, por ser dos nossos melhores artistas, e um dos homens mais honrados da nossa terra [...]"

Nicolau, o invejoso, como Lúcifer no conto "A igreja do diabo", é rebelde à opinião corrente do mundo e deseja mudar a ordem das suas partes: os vis sejam louvados, os nobres agredidos; as virtudes sejam tidas por vícios e os vícios por virtudes. O invejoso e o diabo querem inverter os *sinais da convenção*, não a lei em si, apenas os critérios de julgamento e recompensa. Como alternativas malditas, as suas ações aparecem sob formas grotescas e reduzem-se todas ao ressentimento do inferior que, chame-se Lúcifer ou Nicolau, quer destruir o que não herdou. Mas fica pressuposto que a desigualdade é um fato universal e ao mesmo tempo uma fonte de dor e humilhação.

Se a passagem para o reino seguro do consenso é o caminho da normalidade, cai uma sombra de culpa ou demência sobre os que não sabem ou não querem percorrê-lo. Mas, se é ruinoso o contraste com a Forma dominante, nem por isso há paz e felicidade do lado da pura identificação. No limite de cada um: a identidade forma cínicos, pulhas e traidores não raro inquietos da própria conservação; a diferença produz loucos e marginais. Machado, historiador, constata que a primeira é a estrada real, cinzenta mas protegida; a última é um beco de ilusões que leva à derrota e à irrisão. A sua obra, no conjunto, comporta a ambigüidade de ver o mundo ora de um lado, ora de outro; e mais ainda, de ver um lado através do outro. Como alguém que já tenha cruzado a ponte que conduz à margem da segurança, mas ainda carrega consigo, em algum canto escuso da memória, os fantasmas da outra margem.

A pintura dos caracteres compõe zonas de luz e zonas de sombra; e o processo naturalmente simplifica-se quando pende para um dos extremos. Um conto inteiriço e claro como "Anedota pecuniária" risca em poucos traços a figura do adorador de ouro, tipo antigo de comédia que veio de Plauto a Balzac passando por Molière. O jogo entre a ética dos bons sentimentos do nosso avaro Falcão e o interesse pelo dinheiro é rápido, servindo apenas de estímulo para exibir melhor as manobras da razão burguesa antes de render-se indefectivamente à tentação da posse. Machado compraz-se em minar o fetichismo da moeda refazendo os gestos da idolatria.

O herói, presa do "erotismo pecuniário", vai muitas vezes à burra, que está na alcova de dormir, com o único fim de "fartar os olhos nos rolos de ouro e maços de títulos". A pintura do tipo usa aqui de cores tão fortes que parece termos pela frente a atualização de um mito. O mito de Midas. O avaro Falcão, a partir de certo momento, converte em ouro tudo o que toca, até as sobrinhas que escolhera como filhas adotivas, e que acaba cedendo, uma depois da outra, a troco de dez contos de réis ou de uma coleção de moedas estrangeiras, "montes de ouro, de prata, de bronze e de cobre".

Há uma fase do capitalismo em que a acumulação cede ao investimento: um dos móveis da história é a alta das ações na Bolsa; então Midas reexuma-se tão perfeitamente que é supérfluo ter escrúpulos arqueológicos. Para o sistema simbólico de Machado, o novo Midas, o argentário brasileiro, faz parte dos que povoam, por íntima vocação, o reino do poder e das suas glórias, o "mundo", exorcizado pelos padres primitivos e agora consagrado como o único espaço da salvação. Falcão é o arquétipo de uma insigne família de adoradores do ouro, os pulhas dos grandes romances, o Lobo Neves das *Memórias póstumas*, o Palha de *Quincas Borba*, o Escobar de *Dom Casmurro*.

A redução ao mito é, no entanto, um procedimento que só por exceção pode ser aplicado às personagens de Machado. O mais comum é aquela mistura de luz e sombra no interior de consciências divididas entre a moral dos sentimentos, das relações primárias, e a nova moral triunfante, que talvez se possa chamar "realista" e utilitária, já que "burguesa" parece não propriamente um termo falso, mas por demais genérico. A passagem de uma moral à outra, com todo o processo de adaptações da consciência que ela implica: este seria o sentido de boa parte dos contos de Machado a partir de *Papéis avulsos*.

Pode-se hoje supor que a mudança se tenha devido a uma expansão datável das novas relações econômicas e sociais no Brasil dos meados aos fins do século. Acodem-nos termos como "modernização", "laicização", "aburguesamento dos valores". Machado, como o Alencar urbano de *Senhora* (mas com sinal ideológico inverso), percebeu situações em parte novas, mas já suficientemente densas e típicas, de socialização das relações primárias.

Tudo indica que o escritor não poderia ter condições ideais de interpretar o seu tempo e o seu espaço brasileiro com critérios, digamos, historicistas rigorosos. Pôde observar com acuidade sem explicar à pura luz das tensões sociais o objeto da sua observação. Para Machado, o que atribuímos fundamentalmente à lógica interna do capitalismo em avanço e à sua moral da competição seria, antes, um modo de agir entre defensivo e ofensivo, *segundo a Natureza*, aquela mesma Natureza egoísta e darwiniana, amoral e inocente, que assoma no delírio de Brás Cubas. A luta pelo dinheiro e pelo *status* aparece como prolongamento dos instintos, o que a expressão "segunda natureza" resume tão bem. O princípio é sempre a seleção do mais forte ou do mais astuto. Naturalizando a sociedade, via a corrida feroz ao poder como um processo comum a ambas as instâncias. Com isso ficava de certo modo entendida, se não justificada, a mecânica dos interesses imediatos que guia a maior parte das ações do homem. Um aspecto arcaizante (e picantemente "atemporal") desse determinismo reside no fato de não se apoiar nos discursos naturalistas e científicos do tempo: ele se molda numa linguagem fatalista antiga, que vem do *Eclesiastes*, dos cínicos, de Maquiavel, dos moralistas franceses. É um materialismo clássico. Ou um naturalismo moral e político que tende a aproximar a ordem dos interesses e a ordem dos instintos. Encontro, por exemplo, nas *Reflexões e máximas* de Vauvenargues, uma de suas expressões mais sugestivas:

"Entre reis, entre povos, entre particulares, o mais forte dá a si próprio direitos sobre o mais fraco, e a mesma regra é seguida pelos animais e pelos seres inanimados: de modo que tudo se executa no universo pela violência; e essa ordem, que censuramos com alguma aparência de justiça, é a lei mais geral, mais imutável e mais importante da natureza."

Esse modo de pensar, que voltou inúmeras vezes a constituir a ideologia dominante na cultura ocidental, e que vemos até incorporado ao senso comum, não pode ser julgado em bloco, pois, na sua formulação radical fatalista e pessimista, parece alinhar-se facilmente entre as expressões do derrotismo reacionário. Se, enquanto filosofia "positiva", a sua tendência é reforçar a iníqua idéia de que os homens são o que são e as coisas estão como devem estar por força de Natureza, enquanto posição crítica, antiidealista e, no contexto de Machado, anti-romântica, exerce um papel salutar de análise concreta dos comportamentos e dos seus móveis em cada situação social. O ponto de vista do autor pode ser extremamente perspicaz nas operações de descrever e de narrar e, ao mesmo tempo, doutrinariamente pesado e abstrato na hora da interpretação totalizante do "mundo" em que se movem não só as suas criaturas, mas todos os homens. O leitor de Machado de Assis pode ficar com a sua psicologia realista do desmascaramento sem aderir à metafísica da negatividade que ronda mais de um momento de sua obra madura.

Nos contos em que se defrontam *pares*, é freqüente ver os sujeitos se disporem em relações assimétricas em torno do bem desejado. Nesse confronto, é mais fraco, e acaba mal, sempre aquele que age aberta e desprotegidamente na sua relação com o outro. O vencedor, ao contrário, é aquele que correu firmemente para o interesse individual, para o *status*; e que, em situações de risco, não deixou jamais cair a máscara.

Em "Noite de almirante", o duo é um par de namorados, Genoveva e Deolindo. O rapaz, um marinheiro, precisa viajar por algum tempo, mas não parte antes de jurar fidelidade e de obter da amada igual promessa. Até aí, a simetria do amor mútuo sagrada pela palavra solene da despedida: "Juro por Deus que está no céu; a luz me falte na hora da morte." Comenta o narrador: "estava celebrado o contrato". O marujo volta meses depois, tendo resistido a todas as tentações e confiado tão-somente na jura de amor. E encontra Genoveva amasiada com um mascate.

O interesse do conto não está na situação vulgar do amante traído: está na reação de Genoveva quando interpelada por Deolindo; está naquela sua "mescla de candura e cinismo, de insolência e simplicidade, que desisto de definir melhor". Genoveva não se arrepende; antes, confessa abertamente que jurara, é verdade, "mas que vieram outras coisas..."; e isso é tudo. Parece não haver consciência de culpa, e é o próprio narrador que, afinal, intervém para explicar Genoveva aos leitores talvez pasmos de tanta inconsciência: "Vede que estamos aqui muito próximos da natureza."

A situação da jura virou bruscamente assimétrica. O trato verbal foi rompido por um dos lados, e o bem supremo que ele selava, o amor de Genoveva, ela mesma o transferiu para um terceiro, talvez mais atraente, por certo menos pobre. A realidade era assim, para que negá-la? "Uma vez que o mascate venceu o marujo, a razão era do mascate, e cumpria declará-lo." Essa "simplicidade", essa "candura", mantida após a traição, parece ao narrador muito próxima da natureza, que não conheceria pecado, nem culpa, nem remorso, apenas necessidades.

Resta saber se o ponto de vista *explícito* do autor dá conta da complexidade da narração. Vale a pena perguntar: e o marujo Deolindo? O seu amor fiel, a crença na jura e o seu cumprimento? Seria, por acaso, menos natural que o comportamento de Genoveva? O que é natural e o que é social no plano dos sentimentos? Ambos juraram e, garante o narrador, ambos o fizeram sinceramente. Qual a diferença? O narrador, assumindo (ou simulando) o ponto de vista de Genoveva, procura suprimir essa diferença, sugerindo que tampouco Deolindo cumpria sempre a sua palavra; assim, o marujo, desesperado, dissera a certa altura a Genoveva que se mataria por ela, mas não se matou; e a moça comenta, cética: "Qual o quê! Não se mata, não. Deolindo é assim mesmo; diz as coisas, mas não faz. Você verá que não se mata. Coitado, são ciúmes."

A palavra – símbolo da relação interpessoal – é uma coisa; outra, muito outra, é o peso da autoconservação, o eterno retorno do egoísmo. Essa seria a razão naturalista e fatalista que Machado compartilha com boa parte da ideologia de seu tempo[6]. Está visto que ela entra como poderosa organizadora do sentido de "Noite de almirante"; a ideologia faz-se enredo e personagem.

Mas o leitor não é obrigado a assumir hoje a mesma perspectiva filosófica do narrador. Seria duplicar, na hora da interpretação, idéias do texto interpretado. Capitu parecerá também mais instintiva, mais natural do que Bentinho; mas, enquanto ele fita as estrelas, ela conta as esterlinas. Voltando ao conto: o seu eixo é a mentira, o engano, a ruptura com a palavra dada, o juramento traído. Ora,

---

6. Convém, nesta altura, fazer uma distinção relevante: por "ideologia do seu tempo" entenda-se, na passagem acima, a aceitação da lei do mais forte ou do mais astuto, o que foi uma das interpretações dadas, no século XIX, à competição darwiniana. O pessimismo moralista encontrou nessa leitura mais um esteio. A outra leitura, otimista, que tudo subordinava às exigências da evolução e do progresso, deve-se a Spencer: foi predominante a partir da nossa "geração de 70", e por certo não convenceu o cético Machado de Assis.

nenhum tema menos "natural", na medida em que a natureza não pode jurar, não faz pactos nem os desmancha. A *mentira* (assim como a *vergonha* que Deolindo sentiu quando silenciou seu caso aos companheiros) é um signo, não é um epifenômeno do corpo. Ela só aparece quando o "natural" – o olhar, a voz, o gesto – penetra na esfera da interpessoalidade e no regime da comunicação. Genoveva disse a verdade dos fatos quando abordada por Deolindo, não porque fosse cândida, não porque fosse naturalmente incapaz de mentir, mas simplesmente porque já mentira o bastante traindo a fé jurada quando teve que escolher uma alternativa mais rendosa, o mascate. Na nova posição protegida em que se acha ao receber o antigo namorado, Genoveva sente-se segura e enfrenta como vencedora a decepção de Deolindo. Ela agora está bem, não precisa do marujo, tem um novo e melhor amante. O marujo, por sua vez, não mentira ao juramento de amor, mas tampouco levará a termo o seu propósito de matar-se, que concebera em um momento de amargura; por fim, voltando ingloriamente ao navio, "preferiu mentir" aos companheiros ocultando-lhes a traição da namorada: "Parece que teve vergonha da realidade [...]"

Em Genoveva, a seqüência é: mentira e verdade. Em Deolindo é: verdade e mentira. Depois da simetria inicial, quando os amantes juraram mútua fidelidade, vem a assimetria pela qual um trai enquanto o outro permanece fiel. No fim de tudo, a simetria se inverte, porque a mentirosa sustenta lisamente a sua traição (que é a sua verdade), e o verdadeiro se peja da boa-fé, e prefere escondê-la aos olhos dos outros, mentindo.

Nessas ações e reações não estamos, como sugere ou parece sugerir o narrador, tão próximos assim da natureza. Ao contrário, a história situa-se em pleno reino da relação simbólica entre pessoas: mundo da jura e do perjúrio, mundo capcioso do signo mudado e do sentimento escondido pela palavra e pelo gesto: "Ele respondia a tudo com um sorriso satisfeito e discreto, um sorriso de pessoa que viveu uma grande noite. Parece que teve vergonha da realidade e preferiu mentir."

Se o autor não consegue impor-nos o fatalismo dos instintos em que parece crer, deixa, de qualquer modo, a forte suspeita de que a sociedade é um encontro de signos ora transparentes, quando a palavra exprime a realidade vivida, ora opacos, quando a palavra a dissimula: o que é um modo de dizer que as pessoas misturam sinceridade e engano nas suas relações com os outros e consigo mesmas.

Leia-se a história de "Uns braços". É a paixão adolescente do jovem empregado pela senhora do patrão e o fugaz enlevo dela pelo moço, atração que estala num beijo quando o vê dormindo, mas que logo se acaba quando ele é despedido certamente por sugestão dela ao marido. A senhora do patrão ficou arrependida ou temerosa de seu gesto louco. Embora o enredo encadeie paixões, o tema do conto não é a paixão, mas o seu necessário ocultamento. O jovem Inácio não pode deixar patente o seu fascínio por D. Severina, pelos braços de D. Severina; nem ela nem o marido devem sabê-lo. D. Severina, por sua vez, não pode revelar o que suspeita, nem a Inácio, nem, naturalmente, ao marido. O despistamento é perfeito porque acaba envolvendo os próprios enamorados. A cena do beijo, que daria a ambos a revelação do sentimento mútuo, passa-se, ao mesmo tempo, no sonho de Inácio (ele sonha que a beija) e fora do sonho (ela o beija enquanto ele dorme); mas, como ela foge incontinênti e ele continua dormindo, nem um nem outro saberá que foi beijado. A paixão não extravasará nunca da vida secreta dos amantes impossíveis: "Ele mesmo exclama às vezes, sem saber que se engana: – E foi um sonho! um simples sonho!" O medo colou em ambos a máscara da inocência; protegeu-os do marido e protegeu-os um do outro.

Uma vez mais, a narração explora o desnível dos pares e a necessária disparidade dos seus destinos. Em "Noite de almirante", Genoveva não quer voltar ao passo inicial do conto: bem instalada com o seu segundo homem, despacha o primeiro sem delongas nem esperanças. O duo Inácio-D. Severina é também desafinado: o servidor será indefectivelmente despedido. Há um primado da hierarquia econômica sobre as veleidades do afeto e sobre os pactos efêmeros que o ardor da paixão propicia.

Nesses contos de encontro e desencontro, a interação dos duos e dos trios revela mais a força da situação resultante, da "verdade efetiva" de Maquiavel, do que um hipotético fundo moral ou caráter substantivo das personagens. Continuo achando que não importa muito para nós, hoje, saber se os fatores condicionantes eram explicados pelo narrador em termos de um estado natural do homem. Na verdade, se hoje optamos pela outra ponta do processo, vendo na competição social o móvel das assimetrias, talvez possamos um dia compor ambas as interpretações lembrando que Marx quis dedicar a Darwin *O capital*; foi Darwin que não aceitou. Machado de Assis parece ter unido na mesma imagem e no mesmo ser natureza e sociedade; até na mesma expressão quando fala em "cálculos da Vida".

Nessa ordem de idéias, que ardido conto é "Evolução", um dos últimos que escreveu! O medalhão que, em outra história, um pai zeloso quis fazer do filho, ensinando-lhe a teoria certa, aparece agora em ato, na idade justa dos quarenta e cinco anos, disposto a repetir todos os lugares-comuns do mundo e a fazer uma sólida carreira de deputado sem idéias. Ou melhor, com uma só idéia, não sua, mas que furtou de uma conversa absolutamente casual com o narrador da história. Se eu fosse estruturalista, diria que o sistema desse conto se desloca em torno de um eixo pronominal: *tu-nós-eu*. Se não, vejamos:

Benedito, o medalhão, viaja com o narrador na diligência que vai do Rio a Vassouras. No bate-papo, cheio de "banalidades graves e sólidas", Benedito ouve do companheiro estas palavras elogiosas ao progresso das vias férreas: "Eu comparo o Brasil a uma criança que está engatinhando; só começará a andar quando tiver muitas estradas de ferro." Na cena seguinte, ambos se revêem em um jantar; a opinião vem à baila e é citada por Benedito com um enfático "como *o senhor dizia*".

Segundo momento. Ambos encontram-se em Paris, onde Benedito fora curtir a decepção de um insucesso eleitoral. Os partidos, lamenta ele, não se interessavam pelo principal, que era desenvolver as forças vivas da nação. E a idéia do Brasil engatinhando enquanto não viessem as salvadoras estradas de ferro volta à boca de Benedito, agora precedida de um amplo e coral *"nós dizíamos"*. A travessia do *tu* ao *nós* traz a idéia luminosa para o espaço generoso do plural.

Terceiro encontro: Benedito, enfim deputado, prepara o seu discurso de estréia no Parlamento. No exórdio brilha a mesma idéia solar: "e aqui repetirei o que, há alguns anos, *dizia eu* a um amigo, em viagem pelo interior..." O nome do conto aclara-se: do *tu* para o *nós*, do *nós* para o *eu*, esta foi a "Evolução" de Benedito. Evolução é uma apropriação bem-sucedida. O resultado final chama-se posse. Assim na História como na Natureza. O fato de ser uma idéia, uma frase, uma simples metáfora, o objeto da apropriação apenas refina o projeto da autoconservação.

A apropriação não costuma, porém, bastar-se com idéias ou frases subtraídas a algum interlocutor brilhante. As suas formas correntes são mais vampirescas. Quer a carne e o sangue, a mulher e os bens. O ameno Machado sabe ser cruel em contos acérrimos como "A causa secreta", "O enfermeiro", "Pílades e Orestes", "O caso da vara" e "Pai contra mãe". Encontro nessas histórias as faixas extremas da natureza e da sociedade costuradas pelo fio negro do mal. Em "A causa secreta" esse mal parece congênito: Fortunato possui, como a Fortuna que traz no seu nome, um caráter maligno; e temos que aceitar sem reservas que Machado fita aqui, desassombradamente, a cara do instinto de morte. Fortunato, que se diverte com as convulsões da agonia, é um caso particular da perversão universal que já aparece no poema "Suavi mari magno":

> Lembra-me que, em certo dia,
> Na rua, ao sol de verão,
> Envenenado morria
> Um pobre cão.
>
> Arfava, espumava e ria,
> De um riso espúrio e bufão,
> Ventre e pernas sacudia
> Na convulsão.
>
> Nenhum, nenhum curioso
> Passava, sem se deter,
> Silencioso,

> Junto ao cão que ia morrer,
> Como se lhe desse gozo
> Ver padecer.
>
> (De *Ocidentais*)

A sociedade humana, "sintaxe da natureza", como queria o sábio do "Conto alexandrino", dispõe de uma espécie de poder combinatório sobre os instintos que em si, porém, permanecem misteriosos e indestrutíveis.

Em "O caso da vara" e em "Pai contra mãe", o mal se causa nas junturas do sistema escravocrata do Império brasileiro: nasce e cresce dentro de uma estrutura de opressão. Os esquemas dos primeiros romances reproduzem-se com maior sutileza mas não menor violência: para sobreviver, o pobre tem que ser frio, tem que obedecer às leis da segunda natureza, "tão legítima e imperiosa quanto a primeira". Realiza-se, nos atores implacáveis, aquela "plena harmonia dos instintos com a sociedade" que se louva em *A mão e a luva*.

"O caso da vara" e "Pai contra mãe" dão testemunho tanto da vilania dos protagonistas quanto da lógica que rege os seus atos. As "tendências da alma" e os "cálculos da Vida" somam-se na luta pela autoconservação. Ambos têm em comum a situação do homem juridicamente livre, mas pobre e dependente, que está um degrau, mas só um degrau, acima do escravo. A essa condição ainda lhe resta usar do escravo, não diretamente, pois não pode comprá-lo, mas por vias transversais, entregando-o à fúria do senhor, delatando-o ou capturando-o quando se rebela e foge. O poder do senhor desdobra-se em duas frentes: ele não é só o dono do cativo, é também dono do pobre livre na medida em que o reduz a polícia de escravo.

"A escravidão" – deplorava Joaquim Nabuco – "tirou-nos o hábito de trabalhar para alimentar-nos."[7]

E Machado, em "Pai contra mãe": "Ora, pegar escravos fugidos era um ofício do tempo."

Cândido Neves, pobre mas branquíssimo até no nome, casa-se com Clara e, para sobreviver, "cede à pobreza", tornando-se capturador de negros que reconduz aos senhores mediante boa gratificação. Nabuco:

"A escravidão não consente, em parte alguma, classes operárias propriamente ditas, nem é compatível com o regímen de salário e a dignidade pessoal do artífice. Este mesmo, para não ficar debaixo do estigma social que ela imprime aos trabalhadores, procura assinalar o intervalo que o separa do escravo, e imbui-se de um sentimento de superioridade, que é apenas baixeza de alma, em quem saiu da condição servil, ou esteve nela por seus pais."[8]

Candinho é pobre, mas não se sujeita a ofício porque todos têm algo daquela condição servil de que fala Nabuco, e que o narrador especifica: tipógrafo (a primeira profissão de Machado pobre...), caixeiro de armarinho, contínuo de repartição, carteiro... "A obrigação de atender e servir a todos feria-o na corda do orgulho." No exercício de perseguir escravos, o orgulho não sairá ferido; antes, açula-se o instinto do caçador que acha na caça um meio ostensivo de reafirmar a sua condição de branco, de livre, de forte.

"Pegar escravos fugidos trouxe-lhe um encanto novo."

Mas, rareando a caça e aumentando a concorrência entre os perseguidores, Candinho vê-se em apuros e, te-

---

[7]. Joaquim Nabuco, *O abolicionismo*, 4ª. ed., Petrópolis, Vozes, 1977, p. 195. A primeira edição da obra data de 1883.
[8]. Joaquim Nabuco, op. cit., p. 160.

mendo a miséria, resolve entregar o filho recém-nascido à Roda. Nesse meio tempo, contudo, ele surpreende numa esquina uma escrava fugida, Armida, há muito procurada em vão. A mulata está grávida e suplica a misericórdia de Candinho, se não por ela, ao menos pela criança que está para nascer. O caçador, porém, não vacila: arrasta a presa até a casa do senhor, onde ela aborta. Pai contra mãe. Depois de receber a gratificação, Candinho volta para casa com o filho, escapo à Roda.

Uma primeira tentativa de análise sugere a correlação de dois níveis: um natural, outro social. O natural aparece nas relações de paternidade e maternidade. Candinho é pai, Armida é mãe. São fatos paralelos que, no plano natural, coexistem sem nenhum conflito. Quanto às relações sociais que presidem ao encontro de Candinho e Armida, são, ao contrário das primeiras, abertamente antagônicas: Armida é escrava fugida, Candinho é perseguidor de cativos.

Os níveis não se acham, portanto, justapostos. A sobrevida das relações naturais (pai-filho, mãe-filho) dependerá da solução do impasse criado pelo ofício de Candinho, apanhador de escravos. Se ele deixar Armida em liberdade, perderá a gratificação e o filho; se a capturar, quem corre perigo é o filho de Armida. O conflito, que não existia absolutamente no regime do mero parentesco, torna-se drama de sangue assumido pela segunda natureza, "tão legítima e imperiosa quanto a primeira".

Poderíamos ser levados a supor que o impasse final seja, integralmente, o que o título declara: pai contra mãe. Mas esse dilema é um momento apenas da história. Um minuto antes de ter visto a escrava fugida, Candinho já aceitara separar-se definitivamente do próprio filho, largando-o em uma casa de enjeitados, entre uma situação econômica mais folgada e o fruto do seu sangue, entre o social e o natural, ele já tinha escolhido o primeiro. Mas, ao ver a escrava, percebeu que o dilema poderia desfazer-se, e que, servindo ao senhor dela, poderia reintegrar-se na condição de pai amoroso. Mas, nesta Idade de Ferro em que vivemos, poucos são os que podem fruir de tão doce conciliação. O bem-estar de uns parece fundar-se na desgraça de outros. O acesso aos bens vitais e econômicos, por baixo que seja em termos quantitativos (afinal, Candinho é pobre), exige a espoliação do outro. A lei é sempre: *mors tua vita mea*. O pobre, se é livre, faz retornar aos ferros o escravo que, fugindo para a liberdade, concorreria com ele no páreo dos interesses. O antagonismo não se fixa apenas nos extremos; há uma guerra de todos contra todos, que percorre os elos de ponta a ponta: aqui a vemos comunicar-se do penúltimo ao último.

Agora, se alguém quisesse saber se Machado de Assis tinha *consciência crítica do processo* que ele representava com tanta agudeza, a resposta teria de ser machadianamente pendular: sim e não. Como se a sua obra fosse produzida em dois níveis de consciência.

O primeiro, de extração ideológica, pelo qual se insinua que todos os comportamentos se enraízam nos instintos de conservação; o que vem a dar no fatalismo ou no ceticismo ético e político. Algumas reflexões desenganadas do Conselheiro no *Memorial de Aires*, o último romance, podem ser consideradas o sumo dessa visão de mundo. Trata-se do outro lado da moeda do progressismo burguês, o lado "maduro", momento crepuscular em que o Tempo e a História deixam de ser o lugar da evolução em linha reta para mostrarem o eterno retorno do mesmo. E as vozes vêm das inspirações mais díspares: de Schopenhauer e de Flaubert, de Darwin e de Nietzsche, de Maupassant e de Machado de Assis. Insisto em ver no delírio de Brás Cubas, com o seu tratamento leopardiano da Natureza e da História, a figura matriz dessa ideologia. É uma cavalgada pelos tempos em que, sintomaticamente, a direção cronológica vai do presente para o passado e volta vertiginosamente do passado para o presente sem revelar, em momento nenhum, a dimensão do futuro. Não há outro apocalipse que não o do instante presente, quando o delírio acaba e Brás Cubas acorda para morrer logo em seguida. A História como pesadelo.

O segundo nível, de extração contra-ideológica, trabalha a contrapelo a realidade moral onde tomam corpo os enredos e as personagens. A contra-ideologia só pode ser apanhada, no texto de Machado, quando ele tenta escondê-la. O seu modo principal é o tom pseudoconformista, na verdade escarninho, com que discorre sobre a normalidade burguesa. Falando do ofício de perseguir escravos, explica-o assim:

"Ora, pegar escravos fugidos era um ofício do tempo. Não seria nobre, mas por ser instrumento da força com que se mantêm a lei e a propriedade, trazia esta outra nobreza implícita das ações reivindicadoras."

A junção de *força* (aqui, a força bruta) e *nobreza implícita* dá a medida do sarcasmo.

O tom é subterrâneo e por isso a sua violência contém-se, abafa-se. Mas não é o único indicador. Machado conhece outro modo, mais patente, de desmascarar a ideologia que tudo justifica. Para que a jornada dos vencedores decorra plácida, sem estorvos nem remorsos, as suas histórias nos contam quantos enganos e auto-enganos, quantos crimes se fazem necessários. Repuxando o cotidiano para situações-limite, Machado testa o pensamento conformista segundo o qual a ordem da sociedade é uma ordem natural ou providencial, e ambas formam a melhor das ordens possíveis deste mundo. A análise dos contos-teorias revelou exatamente o contrário: a *convenção*, enquanto prática das relações sociais correntes, é, muitas vezes, produto da fraude que o poder exerceu para instalar-se e perpetuar-se. A verdade pública é uma astúcia bem lograda. E a dicotomia selvagem de fracos e fortes reproduz-se no contraste civilizado de poderosos e carentes, espertos e ingênuos.

Como ajuizar o ponto de vista do autor se nele convergem o ideológico do fatalismo e o contra-ideológico do escárnio? Machado certamente não é utópico nem revolucionário (na medida em que este se acerca da área da utopia): ele nada propõe, nada espera, nada crê. Mas tampouco é conformista, como pode tantas vezes parecer: o narrador não escamoteia a crueza desumana com que o sistema se reproduz nem os sofrimentos que causa nos vencidos. Que as páginas finais de *Quincas Borba* não fujam de nossa memória.

Nem utópica nem conformista, a razão machadiana escapa das propostas cortantes do *não* e do *sim*: alumia e sombreia a um só tempo, espelha esfumando, e arquiteta fingidas teorias que mal encobrem fraturas reais.

A perspectiva de Machado é a da contradição que se despista, o terrorista que se finge diplomata. É preciso olhar para a máscara e para o fundo dos olhos que o corte da máscara permite às vezes entrever. Esse jogo tem um nome bem conhecido: chama-se humor.

Uma figura machadiana

A Antonio Candido

[...] não é mau afastar-se a gente da praia com os olhos na gente que fica.

Memorial de Aires, 15 de maio

As *Memórias póstumas de Brás Cubas* começam pelo fim dos fins: são póstumas, vêm depois da vida e da morte; e o narrador, apartado dos homens que continuam os seus embates cá na Terra, começa contando a sua morte para, só depois, com vagar e muita liberdade, reconstituir a sua vida. *Póstumo*, superlativo de *post*, é o que vem depois de tudo: da vida e da morte. É mais do que posterior, é o depois absoluto.

O *Memorial*, último livro de Machado de Assis (conscientemente o último, segundo ele mesmo afirma em cartas a Joaquim Nabuco e a José Veríssimo), foi escrito pelo Conselheiro Aires, que é sexagenário, diplomata e aposentado, três condições ideais para quem se quer afastado da praia, mas "com os olhos na gente que fica".

Como Brás Cubas, o Conselheiro põe-se a escrever na situação privilegiada de quem já pode dispensar-se de intervir no duro jogo da sociedade. A *forma livre* do primeiro reaparece, meio encoberta, na *forma de diário* do último: expressões ambas de Machado no prólogo de um e na advertência ao outro. Mas o que importa a ambos os memorialistas é exercer um poder raro e terrível, o poder de dizer o que se pensa. E parece que só o espaço da maturidade póstuma ou o da escrita solitária do diário seriam bastante disponíveis e abertos à sinceridade. No meio da travessia reina o pudor de mostrar o rosto ou, mais ainda, o medo de ferir as auras sagradas do amor-próprio. Pudor e medo atenuam, abafam ou silenciam de todo a palavra verdadeira. Quem a dirá, então, afinal? O falso morto ou o diplomata aposentado.

Não a dirão, porém, do mesmo modo. O defunto autor será descarado até o cinismo, não precisa mais poupar os outros nem a si. Está "já desafrontado da brevidade do século". O exercício do poder terrorista da palavra é devastador nas *Memórias póstumas*: rolam pelo declive do nada o indivíduo e a família, o amor e a amizade, a política e a religião; e, o que é raro em nossa literatura, até mesmo a Natureza, que mostra ao narrador em delírio a sua face de esfinge, antes madrasta que madre.

Quanto ao diplomata, é mediador por ofício e resignação. Machado repartiu-o nos seus dois últimos romances. Em *Esaú e Jacó*, Aires personagem não diz tudo o que pensa, por "tédio à controvérsia": ouve mais do que fala e concilia o quanto pode. No *Memorial*, Aires, além de personagem discreta e lateral, é o foco narrativo que tem o poder de comentar, interrogar, julgar a matéria narrada. No romance dos gêmeos, estranha história em que tudo é dobra ou cisão, Aires já atinara com a fórmula de ouro: "A vocação de descobrir e encobrir. Toda diplomacia está nestes dois verbos parentes." No *Memorial*, o jogo diplomático se complica, pois se dá também no foro íntimo do narrador em primeira pessoa:

> [...] e eu tive de os ouvir com aquela complacência, que é uma qualidade minha, e não das novas. Quase que a trouxe da escola, se não foi do berço. Contava minha mãe que eu raro chorava por mama; apenas fazia uma cara feia e implorativa. Na escola não briguei com ninguém, ouvia o mestre, ouvia os companheiros, e se alguma vez estes eram extremados e discutiam, eu fazia da minha alma um compasso, que abria as pontas aos dois extremos.

Um compasso que abre as portas aos dois extremos. Um olhar que mede os eternos dois lados de todas as coisas. Um espírito que sabe que onde há história há conflito. Mas o ofício do diplomata é pensar a mediação dos interesses e das paixões. Vem à memória a frase crua e sábia de Bentinho: "Amo os ratos, não desamo os gatos." Pode o compasso preferir ou preterir algum ponto do seu círculo perfeito? Ninguém tem absolutamente razão contra ninguém; sobrevindo o conflito, o melhor é abster-se ou aceitar a razão de cada um. A moral do Conselheiro ensina a convivência dos opostos e a atenuação das negativas.

Um exame estilístico do modo pelo qual se vai moldando a perspectiva de Aires faz pensar exatamente na palavra *atenuação*. Em face das diferenças, dos desencontros que espinham a vida em sociedade, o Conselheiro tende, primeiro, a dizer o que vê ("vocação de descobrir"), desdizer depois ("vocação de encobrir"), para, no último movimento, deixar sobrepostos o rosto e a venda. O efeito é sempre o de dupla possibilidade: a salvação do positivo, apesar do negativo, a persistência deste apesar daquele.

O compasso interior não permite que os fatos brutos perpetuem as suas arestas de origem: a linha fina do círculo arredonda as pontas e sombreia em claro-escuro as zonas de mais ferino contraste. Daí o papel estruturador da forma-diário, daí a função intermediante da consciência. A presença imediata das coisas ilude, excita ou dói em excesso; é preciso deixar que as coisas passem, e só depois, e de longe, tomá-las por matéria da escrita:

> [...] agora é tarde para transcrever o que ele disse; fica para depois, um dia, quando houver passado a impressão, e só me ficar de memória o que vale a pena guardar.

O comentário de Aires, adiando o prazer da evocação direta, faz a apologia da mediação.

Aquele poder terrorista de tudo dizer, logo, sem pejo nem pregas, poder que só a morte concedeu a Brás Cubas, parece inspirar receio ao Machado último do *Memorial*. O espírito crítico, que deixava às soltas a negação e se comprazia nesse jogo do instinto de morte que se chama análise, cumpre, na curva final do caminho, um pacto com a convenção protetora. E, como em tantos pactos, o alvo é gozar um pouco de paz, pois o tempo da vida é roaz, o tempo é "ministro de morte" e "cúmplice de atentados"; e o pouco que se tem não pode ser dissipado em querelas vãs. Esse pouco deve render muito, durar lento lento, simulando o tempo sem tempo da felicidade:

> Ao subir a serra as nossas impressões divergiram um tanto. Campos achava grande prazer na viagem que íamos fazendo em trem de ferro. Eu confessava-lhe que tivera maior gosto quando ali ia em caleças tiradas a burro, umas

atrás das outras, não pelo veículo em si, mas porque ia vendo, ao longe, cá embaixo, aparecer a pouco e pouco o mar e a cidade com tantos aspectos pinturescos. O trem leva a gente de corrida, de afogadilho, desesperado, até a própria estação de Petrópolis. E mais lembrava as paradas, aqui para beber café, ali para beber água na fonte célebre, e finalmente a vista do alto da serra, onde os elegantes de Petrópolis aguardavam a gente e a acompanhavam nos seus carros e cavalos até à cidade; alguns dos passageiros debaixo passavam ali mesmo para os carros onde as famílias esperavam por eles.

Campos continuou a dizer todo o bem que achava no trem de ferro, como prazer e como vantagem. Só o tempo que a gente poupa! Eu, se retorquisse dizendo-lhe bem do tempo que se perde, iniciaria uma espécie de debate que faria a viagem ainda mais sufocada e curta. Preferi trocar de assunto e agarrei-me aos derradeiros minutos, falei do progresso, ele também, e chegamos satisfeitos à cidade da serra.

Talvez a memória, a música e sobretudo o amor sejam na obra final de Machado as formas de exceção que conciliam e resolvem por alto, em brevíssimos instantes, os antagonismos da vida social, fazendo emergir do tempo histórico uma ilha de atemporalidade e de prazer. O cotidiano, porém, traz de volta as rugas da divisão e a cunha da negatividade; e como Aires narrador não pode deixar de expô-la, inventa a cada passo os mecanismos do disfarce e do desvio.

Um primeiro modo de atenuar é duvidar, ou fingir que se duvida. A língua humana tem formas resvaladiças de dizer sem dizer. Veja-se o verbo *parecer*, que, a um só tempo, abre as janelas para as impressões do objeto e cerra sobre estas o véu da incerteza do sujeito. No começo do *Memorial*, temos a cena do cemitério. A jovem Fidélia está diante do túmulo do marido. Segundo observa o Conselheiro, Fidélia *parecia* rezar. O narrador em primeira pessoa não é onisciente, mas tem olhos e tem consciência: com os olhos de fora vê a bela viúva em atitude de prece pelo morto; com a consciência de olheiro suspende a certeza ("parecia rezar") e deixa margem a crer que o gesto pode, ou não, corresponder à alma; divide, afasta o leitor da imagem, embora esta, uma vez dita, já não possa mais apagar-se. Eu não sei se Fidélia reza de fato, ou apenas parece rezar. Aires desvendou o rosto da moça diante do leitor para depois vendá-lo com a máscara, mas não de todo, porque o verbo "parecer" já não permite que a máscara se sobreponha cabalmente à face da viúva em ato de prece. Descobrir-encobrir.

A impressão seguinte padece da mesma cisão ou da mesma dobra:

> Nesse momento, a viúva descruzava as mãos, e fazia gesto de ir embora. Primeiramente espraiou os olhos, como a ver se estava só. Talvez quisesse beijar a sepultura, o próprio nome do marido, mas havia gente perto [...].

O que se vê e se descreve é bem nítido: são gestos de descruzar as mãos, de mover o corpo para sair de uma posição, de percorrer o ambiente com os olhos. Mas o significado desses significantes é que não está claro: o que deseja, na verdade, Fidélia? Beijar a sepultura, o nome do marido? "Talvez quisesse..." E por que espraia os olhos pelo cemitério? "Como a ver se estava só." *Talvez, como a..., se.* Nessas notações rápidas e insidiosas, o ponto de vista de Aires sobre Fidélia já começou a trabalhar: até que ponto a máscara da viúva de luto ao pé do túmulo adere à vida secreta da jovem, de que o diplomata já disse que é "bonita e gentilíssima, como ouvi dizer de outras em Roma?" A quebra final de fidelidade de Fidélia ao recém-morto não poderia estar-se dando já nesses meneios incertos de querer beijar o túmulo, mas olhar primeiro em roda? Afinal, não o beijou. Havia gente perto, sem contar dois coveiros que falavam de um caixão pesado, excessivamente pesado. A viúva afastou-se sem mais olhar para trás.

A palavra *talvez* parece neutra, mas essa neutralidade é, antes, ambigüidade, e pode ocultar uma lucidez de lâmina. Machado traz Fidélia pela segunda vez ao observatório de Aires. Agora são as bodas de prata de Carmo e Aguiar que, sem filhos, tratam a moça como filha, em um momento em que ela está carente e só: o marido morto, morta a mãe, distante e inconciliável o pai. Fidélia é a última a chegar à festa:

> Fidélia não deixou inteiramente o luto; trazia às orelhas dois corais, e o medalhão com o retrato do marido, ao peito, era de ouro. O mais do vestido e adorno escuro. As jóias e um raminho de miosótis à cinta vinham talvez em homenagem à amiga.

Que direção terá esse último *talvez*? A homenagem à amiga não será, por acaso, certa? E, se não é, o que move Fidélia a enfeitar-se assim, de miosótis e corais? A vaidade da sua beleza? A graça do seu corpo jovem? Onde, então, o luto, a sombra do morto? Seguramente, no vestido escuro e no retrato do medalhão. Mas aquele *talvez* faz desviar a alma de Fidélia, e a nossa, não apenas do espírito de luto como da pura gratidão e deferência para com dona Carmo. A trama conduzirá à verdade final e às duas quebras de fidelidade: Fidélia casará de novo, e casada, voltará as costas à amizade materna da velha Aguiar; mas tudo isso não estaria, por acaso, já suspenso naquele simples *talvez*?

O tempo, ainda uma vez cúmplice de atentados, provará que a dúvida do Conselheiro era bem fundada. No fim da história, Aires, assistindo ao novo enlace de Fidélia, troca um olhar de inteligência, e talvez um sorriso, com sua mana Rita: "era a lembrança daquele dia do cemitério". Mas então um casamento negou o outro? O morto foi impiedosamente esquecido? Há oposição inconciliável? Reponta o gume da aresta? Aires, padrinho do segundo matrimônio, não deixará que falem alto as más línguas, decerto invejosas da beleza ou da sorte de Fidélia; e reatará no mesmo círculo as pontas do passado e do presente:

> A questão é que virtualmente não se quebre este laço, e que a lei da vida não destrua o que foi da vida e da morte. Creio nas afeições de Fidélia; chego a crer que as duas formam uma só, continuada.

Tudo estaria assim resolvido a contento no melhor dos mundos possíveis, mas isto daria a palma do triunfo à positividade cheia de si, o que é abusivo mesmo para este Machado-Aires, que não resiste à tentação de duvidar de novo matizando jocosamente a sua profissão de fé:

> Quando eu era do corpo diplomático efetivo não acreditava em tanta coisa junta, era inquieto e desconfiado; mas, se me aposentei, foi justamente para crer na sinceridade dos outros. Que os efetivos desconfiem!

Quando estas expressões se insinuam na mais lisa das frases (*talvez, acaso, provavelmente, parece, acho, creio, pode ser, quem sabe*), estejamos preparados para ouvir a palavra mais grave, a decisão mais drástica, a pancada mais forte. São os rodeios, o olhar contrafeito, o sorriso fugaz de quem vai dizer um não. E um *não* irrevogável, o mais duro de todos. Por isso, foi preciso neutralizá-lo, compensá-lo, no sentido etimológico do termo: co-pesar, lastrear com um peso de palavras o prato que vai cair. Grata é aos mortais a ilusão do equilíbrio. O bonzo do conto que colava na cara dos leprosos sem nariz um nariz metafísico, posto que os enganasse, agia piedosamente.

Vejamos o que se passa com o outro jovem, par de Fidélia, Tristão, que o olhar do Conselheiro não cessa de perseguir. A primeira parte da vida de Tristão é contada rapidamente. Aliás, o desejo de correr é ostensivo e programado, como se o narrador evitasse deter-se em juízos de valor e quisesse pôr a nu apenas o esqueleto da trama: "Aqui (Campos) referiu-me uma história que apenas levará meia dúzia de linhas, e não é pouco para a tarde que vai baixando; digamo-la depressa."

O sumo da história é um caso de apadrinhamento, caso típico entre os laços sociais do Brasil Império. Uma amiga de dona Carmo (que já vimos protetora de Fidélia) tivera um filho e, mal nascido este, vai abrigá-lo junto ao casal Aguiar, que o recebe com afeto de mãe e pai. Ficam algum tempo com o menino, enquanto a mãe viaja por Minas atrás do marido. Mais tarde, Carmo e Aguiar são escolhidos para padrinhos de Tristão. Daí em diante, o menino teve duas mães e duas casas. Dona Carmo, a mãe postiça, revelou-se mais extremosa do que a mãe de sangue e, nos seus cuidados, prodigalizava doces, carinhos, atenção aos estudos, desvelos nas doenças, enfim intervenção junto aos pais no momento da escolha da profissão (o menino queria ser bacharel, embora o pai o destinasse ao comércio...). As sucessivas carências de Tristão são supridas mediante o concurso da madrinha solícita, até que um belo dia os pais verdadeiros decidem viajar para Portugal em visita à avó da criança. Tristão quis ir com eles. Os padrinhos pediram que não fosse, que adiasse a viagem para depois de formado. Tristão se obstinou e foi. "A viagem se fez, a despeito das lágrimas que custou." O rapaz prometeu voltar logo, prometeu escrever, mandar retratos, "mas daí a algum tempo eram as cartas que escasseavam e acabaram inteiramente, elas e os retratos, e as lembranças; provavelmente não ficaram lá saudades". "Provavelmente" é o pedal que abafa a certeza do fato e a estridência do julgamento.

"Provavelmente não ficaram lá saudades." Mas Tristão voltará formado e já certo de uma candidatura às Cortes de Lisboa. Não voltará de chofre: o silêncio de anos e anos ele o quebra pouco a pouco, em cartas e pedidos de retratos, enquanto ele próprio não manda senão gravuras da casa Goupil. "Pede-lhes os retratos, e manda-lhes pelo correio umas gravuras."

Aires tem curiosidade de saber qual é o rosto e qual a máscara: afinal, por que esse regresso de Tristão à casa dos padrinhos esquecidos? Estes, sempre dispostos à benevolência para com o filho pródigo, exibem as cartas saudosas do moço e pensam em um renascimento do afeto apenas adormecido pelas graças de Lisboa. Aires registra lisamente a interpretação dos velhos Aguiares: as cartas de Tristão fazem parte de um jogo de aparências que não deixa de ter a sua objetividade. Mas em conversa com Aguiar, interroga à queima-roupa. "– Veio só para visitá-los?"

E o padrinho, veraz: "– Diz que só. Talvez o pai aproveitasse a vinda para encarregá-lo de algum negócio; apesar de liqüidado, ainda tem interesses aqui; não lhe perguntei por isso."

Nessa altura, um retalho de conversa muda a perspectiva. Tristão *diz* que voltou só para visitar os padrinhos. Mas há o sinuoso *talvez*: talvez viesse a negócio, a pedido do pai, cujos antigos interesses de corretor de café podem ter deixado sobras não desprezíveis. Talvez, pois não é o que Tristão diz. Onde acaba o rosto, onde começa a máscara?

Todo o modo de narrar a segunda relação do jovem com os padrinhos pontua a distância entre um esquema atributivo manifesto (Tristão é gentil, atento, solícito...) e o esquema actancial latente: Tristão, desde o momento em que pisou de novo o solo brasileiro, já sabia muito bem o que queria, já tinha a certeza de que voltaria em breve para a política lisboeta e deixaria de vez os padrinhos "órfãos às avessas". Na verdade, é este modelo, riscado pelas ações efetivas do sujeito, que vai contar e vai prevalecer sobre o primeiro, dando à personagem a sua verdadeira dimensão moral; dimensão que só o olhar do Conselheiro sabe colher ("Tristão", diz ele, "é político"), e cujo extremo negativo é sublinhado por uma senhora de língua sabidamente má, dona Cesária, para quem o moço se casa com a viúva Fidélia por puro interesse econômico. Mas Aires nunca dirá isso, ou nunca o dirá desse modo.

Para entender as relações do foco narrativo com a personagem é necessário pensar a figura do "compasso" com que a si mesmo se descreve o Conselheiro. Aberto entre os extremos de Carmo e Cesária, a primeira que vê no afilhado uma criatura de eleição, e a segunda que não vê no moço mais que um pulha, Aires deixa que digam uma e outra coisa (é o seu modo de descobrir os possíveis da realidade), para, depois, restringindo o excessivamente positivo e atenuando o excessivamente negativo, admitir que, afinal, um homem pode muito bem ser, sem maior culpa, uma criatura ambígua, isto é, um ser "político".

Da ambivalência de Tristão, iluminada a jeito pelo foco de Aires, os exemplos não são poucos: "Tristão, alcunhado *brasileiro* em Lisboa, como outros da própria terra, que voltam daqui, é português naturalizado" (4 de agosto); "Só lhe ouvi meia dúzia de palavras algo parecidas com louvor próprio, e ainda assim moderado"; "'Dizem que não escrevo inteiramente mal' encobrirá a convicção de que escreve bem, mas não o disse, e pode ser verdade" (4 de agosto); "A gente não esquece nunca a terra em que nasceu", concluiu ele com um suspiro; "Talvez o intuito fosse compensar a naturalização que adotou – um modo de se dizer ainda brasileiro" (19 de agosto); "Há nele muita compostura e alguma dissimulação" (22 de setembro); "Tristão assistiu à Comuna, em França, e parece ter temperamento conservador fora da Inglaterra; em Inglaterra é liberal; na Itália continua latino. Tudo se pega e se ajusta naquele espírito diverso. O que lhe notei bem é que em qualquer parte gosta da política"; "Talvez ele tenha alguma dissimulação, além de outros defeitos de sociedade, mas neste mundo a imperfeição é coisa precisa" (22 de outubro).

A perspectiva diplomática de base aceita a máscara como uma necessidade das relações interpessoais na sociedade, tal como ela é, aqui, agora.

O compasso de Aires será a figura ideológica do último Machado? O disfarce estratégico (e, afinal, definitivo) de uma aturada consciência social e política? Na longa travessia que o escritor fez pela vida brasileira entre o Império e a República, o baile de máscaras, que desde cedo observou, foi perdendo o caráter de mero episódio romanesco. Visto de baixo, do ângulo de quem conhece os meandros da ascensão social, o baile se confunde com a trama inteira de um cotidiano cíclico. O que se dança é a música, no fundo monótona, da autoconservação. Nesse mundo, a máscara não é exceção, não foi feita apenas para tapar a cara da personagem mais vilã. É a regra. É o selo da necessidade. Está esculpida na roda do Destino, que, diz Aires, rima com *divino* e "poupa-me a cogitações filosóficas". A naturalização ou a sagração às avessas da História, que se dá no delírio de Brás Cubas, pode ser também uma linguagem mascarada que mal esconde o discurso da suspeita.

A obra final de Machado, sentida às vezes como o amaciamento de todos os atritos, parece, antes, desenhar em filigrana a imagem de uma sociedade (ou, talvez melhor, de uma classe) que, tendo acabado de sair de seus dilemas mais espinhosos (a abolição da escravatura, a queda do Império), quer deter e adensar o seu tempo próprio, fechando-se ciosamente nas alegrias privadas, que o narrador percebe valerem mais que as públicas. Aires, visitando a casa dos Aguiares, no dia 14 de maio de 1888, vê no ar um grande alvoroço e julga que a comoção só pode vir da Lei Áurea recém-promulgada; mas engana-se; vem da notícia de que está para chegar o afilhado Tristão.

O Conselheiro, discreto, mas incisivo, dá-nos a perceber que as coisas do dinheiro estão mudando. Os negócios começam a fazer-se principalmente na cidade; Fidélia, herdeira do barão escravocrata Santa Pia, doará parte dos seus bens imóveis aos libertos, cometendo a corretores e banqueiros a tarefa da liqüidação. Os interesses parecem menos pesados, mais "livres" do que no tempo em que se compravam negros para o café. O dinheiro, mediação das mediações, alarga as distâncias entre o consumo e o trabalho, entre as graças da sociabilidade e as suas condições materiais. Não é de bom-tom falar *diretamente* da sua necessidade e do seu preço. A menos que se dê à málíngua de Cesária essa ingrata incumbência... O Conselheiro ouve-a deliciado. Mas as ambições do moço Tristão, que volta de Portugal já remediado e bem-posto, são sobretudo políticas. Aires percebe tudo isso, e é nessas novas ondas de interesse e de paixão que lança e recolhe a sua rede de suspeita.

A fala do Conselheiro, tão "errata pensante" quanto a do narrador póstumo Brás Cubas, dá margem a duas leituras: Machado, o desmistificador, e Machado, o despistador. No primeiro caso, ele é quase terrorista; no segundo, quase conservador. Em ambos, faz a política do possível, que talvez seja a essência da diplomacia.

Do meio aos extremos

A análise do *justo meio* na teoria e na prática de Aires corre o sério risco de ficar tão rente à pele do estilo machadiano que ignore, ou apenas subentenda, a força dos extremos postos em tensão. É preciso ver o compasso em movimento. Enlevados pela cantante harmonia de Mozart, podemos esquecer que ela resultou de uma conquista da linguagem musical sobre o torvelinho de Eros e de Pathos, que desejariam arrastar o compositor ao grito, ao choro, ao riso, ao silêncio. A classicidade tranquila da última demão tenta esconder o que lhe deu a vida e a forma.

Aires é uma corda esticada entre o instinto de morte (que é análise e é tédio) e o desejo indestrutível de beleza que vive e de amor. Observador mas também personagem, *voyeur* que vive vicariamente o namoro de Tristão e Fidélia[1]; juiz cortante mas padrinho solícito, o Conselheiro traz em si, concertados, os cochichos do nada, que outra personagem machadiana ouvia na solidão, e a sonata luminosa que Flora toca ao piano e que a leva ao paraíso.

Pelo meio reconhecemos o perfeito diplomata; mas é pelos extremos, pelos raros extremos, que vislumbramos o homem.

Há no *Memorial* desses momentos que se abrem para aquelas vertigens de negatividade que nos acometem lendo as *Memórias póstumas*. Ronda Aires, como rondava Brás Cubas, a tentação impaciente, a tentação violenta de se identificar com a Sociedade e a Natureza tal como as figurava a ideologia terrível do "darwinismo social". Para esta, o morto é apenas matéria morta, e seu único destino é o esquecimento: "Os mortos ficam bem onde caem"; "*les morts vont vite*"; "primeiro os vivos e os seus consórcios; os mortos e os seus enterros que esperem".

O encarte em que Aires narrador fala da morte de um homem é um passo cruel apesar da pena galhofeira. A irmã Rita pedira-lhe informações sobre um leiloeiro. Aires comenta: "Mando-lhe dizer que o leiloeiro morreu; provavel-

---

1. Aires *voyeur* e vicário é a interpretação que do Conselheiro dá José Paulo Paes, na revista *Vozes*, set. 1976.

mente ainda vive, mas há de morrer algum dia." O Conselheiro vive crises de acídia e misantropia, quase de repugnância pelo semelhante: "Preciso me lavar da companhia dos outros." Instinto de morte sob a forma de tédio, que é, conforme ensina a velha teologia moral, morte da alma.

Em outro passo, o próximo é objeto da malignidade de dona Cesária, que representa, no universo do *Memorial*, o limite da agressividade. O superego de Aires curva-se ao *Id*-Cesária para ouvir-lhe complacente as "causas secretas" dos atos alheios e deleitar-se com a sua malevolência. "Essa senhora se não tivesse fel talvez não prestasse; eu nunca a vejo sem ele, e é uma delícia. [...] Tudo lhe sai com palavras relativamente doces e honestas, ficando o veneno ou a intenção no fundo. Há ocasiões em que a graça de D. Cesária é tanta que a gente tem pena de que não seja verdade o que ela diz; e facilmente lhe perdoa." Instinto de morte sob as espécies de retaliação moral.

Enfim, o demônio da análise rege as relações de Aires com Fidélia. Ele quer escrutar os móveis ocultos da bela viúva, e confessa que gostaria de intrigá-la definitivamente com o pai para tê-la sempre na sua mira de olheiro: "Confesso que se pudesse diria mal dela, com o fim secreto de acender mais o ódio – e tornar impossível a reconciliação. Deste modo ela não iria daqui para a fazenda, e eu não perderia o meu objeto de estudo. Isto, sim, papel amigo, isto podes aceitar, porque é a verdade íntima e pura e ninguém nos lê. Se alguém lesse achar-me-ia mau, e se não perde nada em parecer mau; ganha-se quase tanto como em sê-lo." Perversão de *voyeur*, paixão esfriada, análise pela análise.

Desse extremo, que o diplomata Aires não conseguiu mediar ou encobrir completamente, desviemos rápido o olhar para o outro, mais consolador: o da imaginação de um mundo dos eleitos penetrado de graça, espaço stendhaliano de música e afeto onde Eros vive o seu átimo de beleza e liberdade. O Conselheiro que afirma, citando Shelley, não poder dar o que os homens chamam amor ("*I can give not what men call love*"), é o mesmo narrador ousado que entra no coração dos noivos e diz o indizível do encontro:

> A agitação interior transtornava os cálculos, e os olhos contavam os segredos. Quando falavam pouco ou nada, o silêncio dizia mais que as palavras, e eles davam por si pendentes um do outro, e ambos do céu [...]. Sabiam tudo. Parece incrível como duas pessoas que se não viram nunca, ou só alguma vez de passagem e sem maior interesse, parece incrível como agora se conhecem textualmente e de cor. Conheciam-se integralmente. Se alguma célula ou desvão lhes faltava descobrir, eles iam logo e pronto, e penetravam um no outro com uma luz viva que ninguém acendeu. Isto que digo pode ser obscuro, mas não é fantasia; foi o que vi com estes olhos. E tive-lhes inveja. Não emendo esta frase, tive inveja aos dois, porque naquela transfusão desapareciam os sexos diferentes para se ficar um estado único.

O *agora* do conhecimento amoroso se dá como centelha súbita, sem um passado que a explique à luz da razão ou, pelo menos, da verossimilhança ("Parece incrível..."). É o agora da graça (aqui, de todo imanente), o átimo feliz que parece opor-se ao tempo opaco da história pública, àquele tempso que já sabemos ministro de morte e cúmplice de atentados.

Em *Esaú e Jacó* já se cumpria, na personagem Flora, a suspensão da temporalidade externa e das suas arestas; e cumpria-se por obra e graça da música, arte que se vale do tempo para criar a ilusão que o suprime.

Flora ao piano: "A música tinha para ela a vantagem de não ser presente, passado ou futuro; era uma cousa fora do tempo e do espaço, uma idealidade pura."

Lá fora, estava caindo o Império e formava-se o governo provisório da nova República. Mas, ao piano,

> Flora não entendia de formas nem de nomes. A sonata trazia a sensação de falta absoluta de governo, a anarquia da inocência primitiva naquele recanto do Paraíso que o homem perdeu por desobediente, e um dia ganhará, quando a perfeição trouxer a ordem eterna e única. Não haverá então progresso, nem regresso, mas estabilidade. O seio de Abrão agasalhará todas as cousas e pessoas, e a vida será um céu aberto. Era o que as teclas lhe diziam sem palavras, ré, ré, lá, sol, lá, lá, dó...

No *Memorial*, a música exerce uma função organizadora do enredo, como bem observou Antonio Candido, analisando o progressivo despertar da paixão em Fidélia à medida que ela volta ao piano de que se abstivera com a viuvez[2]. Essa música terá para Fidélia um sentido análogo ao da sonata de Flora (outra alma dividida entre amores gêmeos): o de anular as distâncias do tempo e do espaço, e criar um mundo harmonioso, sem o sacrifício da escolha, mundo em que se abracem eternamente Pedro e Paulo, o morto Noronha e o vivo Tristão. É o que sugere o comentário do Conselheiro ao ouvir Fidélia tocando para o noivo ausente como já o fizera outrora para o marido:

---

2. Antonio Candido, "Música e música", em *O observador literário*, São Paulo, Conselho Estadual de Cultura, 1959, pp. 23-8.

Não lhe pedi música; ela é que foi de si mesma tocar piano, um trecho não sei de que autor, que se Tristão não ouviu em Petrópolis não foi por falta de expressão da pianista. A eternidade é mais longe, e ela já lá mandou outros pedaços de alma; vantagem grande da música, que fala a mortos e ausentes.

Mas o momento do êxtase e a fruição da arte são estados de graça raros, fugazes, bem como os extremos cruéis da negatividade e da morte. Exceção, que ilumina pelo contraste o sistema inteiro, é a figura de dona Carmo (e talvez dona Fernanda, do *Quincas Borba*): nela o estado de graça parece habitual.

O mais comum, porém, é o que fica no meio da história e da História: "[...] mas a vida, meu rico senhor, compõe-se rigorosamente de quatro ou cinco situações, que as circunstâncias variam e multiplicam aos olhos" (*Quincas Borba*, cap. 187). Aires rima a idéia e a faz sua:

> A vida, entretanto, é assim mesmo, uma repetição de atos e meneios como nas recepções, comidas, visitas e outros folgares; nos trabalhos é a mesma coisa. Os sucessos, por mais que o acaso os teça e devolva, saem muitas vezes iguais no tempo e nas circunstâncias; assim a história, assim o resto.

E a imagem dileta de *Dom Casmurro* era a do mar que bate na pedra "desde Ulisses e antes".

A concepção de História que sai das páginas do *Memorial* é a de um tempo cíclico: uma História tecida de atos recorrentes, se não simétricos, e movida pelo "gênio da espécie". Concepção estranha (ao menos no desenho) à metáfora evolucionista de um tempo-flecha, tempo de progresso linear, que sustentou os valores políticos da geração de 70, e de Machado jovem, mas que já não consegue dominar inteiramente a cena dos ideais no apagar do século.

Neste último horizonte, que se curva e se fecha para melhor esconder os conflitos renascentes da paixão e do interesse, o papel do nosso caro Conselheiro é o de compor com a prosa do cotidiano ao menos o efeito de uma clássica harmonia: sofrer estoicamente as diferenças, conviver humoristicamente com a máscara e, sempre que possível, conciliar diplomaticamente as oposições.

*Uma hipótese sobre a situação
de Machado de Assis
na literatura brasileira*

Em uma reunião em que se discutia o tema da brasilidade de Machado de Assis, o escritor e arguto leitor Antônio Callado qualificou de intoxicante a presença da vida nacional na obra do bruxo de Cosme Velho. Confirmava assim uma tradição crítica encetada por Astrojildo Pereira, que, por sua vez, retomara os conceitos de "instinto de nacionalidade" e "sentimento íntimo de nacionalidade" forjado pelo próprio Machado para caracterizar uma literatura socialmente enraizada, embora quase desprovida de pitoresco local.

Assim posto, o problema da situação de Machado de Assis em nossa história literária ficava aparentemente resolvido pela via da simplificação. Depois de Alencar, que erigira *romanticamente* a figura do índio, a tradição colonial e a pureza dos costumes patriarcais como assunto da sua ficção e seu critério de valor, veio Machado de Assis, que teria, *realisticamente*, penetrado os meandros da sociedade fluminense, isto é, o presente, já urbanizado e até certo ponto modernizado, na medida em que guardava no seu bojo a decomposição do sistema escravista e da hegemonia imperial.

Mudara o quadro, mudaram algumas figuras e paisagens, ambientes e rostos. Mais ainda: Machado concentrava o que Alencar dispersara no tempo e no espaço. De todo modo, o Brasil habitava Machado tão intimamente quanto habitara Alencar.

Mas essa alteração de cenário significava mudança de perspectiva *dentro de uma presumível linha de "evolução" histórico-literária nacional*? Ao romantismo conservador de Alencar teria Machado oposto um realismo modernizante afinado com o "bando de idéias novas" que Sílvio Romero desfraldava como legado maior da geração de 70: evolucionismo, progressismo, spencerismo, positivismo, cientificismo, republicanismo? Sabe-se que não.

A pergunta fere o cerne da questão da perspectiva. O *objeto do quadro*, a sua existência empírica, não determina necessariamente *o ponto de vista do observador*, nem se confunde com este. A novidade dos objetos da visão tem a sua história própria ligada a alterações de conjuntura a que o romancista pode ser mais ou menos sensível; mas o modo de ver o novo quadro e os modos de dizê-lo no regime da ficção não obedecem a uma relação mecânica de causa e efeito com aqueles referentes: por isso, toda mudança de olhar demanda um trabalho de decifração[1].

---

1. "Somente uma consciência decididamente reificada imagina, ou procura, convencer o outro, que possui fotografias da objetividade. A sua ilusão se muda em imediação dogmática. [...] O objeto da teoria não é um objeto imediato, cujo modelo se possa levar para casa; o conhecimento não detém, como a polícia estatal, um fichário dos seus objetos. Antes, o conhecimento os pensa na mediação; se não, se limitaria à descrição de fachada. Um pensamento que refletisse como espelho seria desprovido de reflexão, o que é uma contradição não dialética: sem reflexão, não há teoria" (Th. W. Adorno, *Dialetica negativa*, trad. italiana

Proximidade do objeto e distanciamento do olhar

Atendo-nos primeiro ao *quadro*: quem percorre a narrativa de Machado, que cobre a vida do Rio dos meados ao fim do século XIX, reconhece uma teia de relações sociais, quer intrafamiliais (na acepção ampla de parentesco, compadrio e agregação), quer de vizinhança, profissão e vida pública entre pares ou entre pessoas situadas em níveis distintos. E o que salta à vista no desenho dessa teia? *Relações assimétricas* compõem a maioria dos enredos machadianos; e, levando em conta a dimensão subjetiva da assimetria, pode-se afirmar que esta se encontra em toda parte e dentro de cada personagem. A experiência do gradiente social é aqui fundamental.

Não há romance de Machado que não colha algum aspecto ostensivo ou alguma dobra mal escondida desse tecido de fios existenciais cuja regra geral é a disparidade. A imagem da escada feita de degraus de diferentes alturas talvez esclareça melhor a lei imanente dessa formação social: os seus atores, na medida em que a roda da fortuna os colocou em posições objetivamente assimétricas, nunca podem olhar-se ou falar-se como verdadeiros pares. Sempre alguém está acima ou abaixo do seu interlocutor, o que converte o mais singelo dos diálogos em risco de humilhação para o fraco e de aliciamento ou pura dominação para o forte. O cinismo do forte e a hipocrisia do fraco estão em casa nesse teatro de desigualdades, pois,

---

Einaudi, 1970, pp. 184-5). Quando, movidos por excesso de zelo historicista, reduzimos o horizonte do narrador às ideologias dominantes no seu tempo, retrocedemos ao dogma da literatura-espelhamento; deixamos assim de fazer justiça às potencialidades de memória, intuição e juízo crítico de que é capaz o olhar de um grande escritor.

se, de um lado, "quem acredita não precisar mais do outro torna-se intratável", de outro, "a liberdade é incompatível com a fraqueza" (Vauvenargues). Machado diz, à sua maneira, em *Quincas Borba*: "o melhor modo de apreciar o chicote é ter-lhe o cabo na mão".

Olhando de perto, vê-se que nesse contexto de diferenças predomina o tratamento do *intervalo social menor*. Daí a presença apenas discreta do par de extremos senhor-escravo, mas a freqüência significativa do par senhor-agregado, bem como a singular ocorrência do par forro-escravo, o que acusa a violência real das interações mal dissimulada pela distância aparentemente diminuída.

Esse é o objeto da visão, e o gênio mimético do escritor se compraz em dar-lhe uma configuração, um andamento de frase e certas inflexões tonais peculiares que acabaram compondo a sua fisionomia ímpar na escrita do tempo. O adjetivo "ímpar" não entra aqui como elogio convencional na retórica da crítica. Convém examinar o seu verdadeiro sentido histórico.

Aquele quadro social matizado de diferenças e assimetrias não é interpretado pelo narrador machadiano como uma realidade puramente local, um resíduo de atraso colonial que o bando de idéias novas de Sílvio Romero iria superar para todo o sempre, erguendo o Brasil à altura da Europa evolucionista, comtiana, spenceriana, cientificista e republicana.

A batalha ideológica dos anos 70 não passa pelo centro vivo da ficção machadiana, não é o seu espaço de significações nem a sua referência polêmica. Outra é a direção do seu olhar.

O olhar com que Machado penetra aquele universo de assimetrias tende a cruzar o círculo apertado dos condicionamentos locais na direção de um horizonte ao mesmo tempo individual e universal. Interessam-no cada homem e cada mulher na sua secreta singularidade, e o ser humano no seu fundo comum.

Uma hipótese que me parece plausível para o entendimento desse olhar é a que o aproxima das análises psicológicas desenganadas do moralismo seis-setecentista; análises que foram incorporadas, em registro de crítica *philosophique*, pela vertente cética da Ilustração. O fato de também serem essas as fontes ideológicas de autores do século XIX caros a Machado de Assis, como Stendhal, Leopardi e Schopenhauer, conforta a probabilidade da linhagem.

O interesse, o amor-próprio, a vaidade, a móvel armação da *persona* social com a sua solerte hipocrisia e a correlata quebra das normas ditas civilizadas quando se está "por cima" – tudo conflui para estadear a presença do egoísmo universal no qual se fundem instinto e cálculo, a primeira e a segunda natureza desejosas ambas de prazer e *status*, avessas ambas à dor e a qualquer abatimento social. Nada, porém, impedirá que a corrente da vida individual deságue na morte e no nada: o "legado da miséria" é o de toda gente, não excluídos os cavalheiros ricos e ociosos como Brás Cubas.

Ora, nas teorias evolucionistas do século XIX todas essas marcas negativas da condição humana (decaída, segundo a concepção bíblica da História) eram redimidas e ganhavam explicações "racionais" no curso de um processo contínuo de aperfeiçoamento da espécie. Em última instância, os mais fortes e os mais aptos já tinham vencido e continuariam a vencer merecendo o prêmio final da própria sobrevivência: batatas, pelo menos. De modo similar, mas apelando antes para a solidariedade do que para a competição darwiniana entre indivíduos e raças, o positivismo previa o melhoramento coletivo que o estágio científico da Humanidade teria inaugurado depois de superadas as fases teológica e metafísica da História: bem o sabia Quincas Borba, o pensador machadiano do Humanitismo.

As filosofias então correntes na Europa, no Brasil e aonde quer que chegasse a cultura do Ocidente europeu ensinavam a crer no *sentido da História* que os homens, voluntariamente ou não, tinham criado. Essa teleologia universal absorvia e, no percurso, subestimava as diferenças pessoais, eliminando do sistema a questão crucial que as religiões se esforçaram milenarmente por solucionar: o porquê do mal no coração dos homens.

Para Machado, porém, qualquer forma de otimismo cósmico ou histórico devia soar como imponente ilusão. O delírio de Brás Cubas com a sua regressão à origem dos tempos e o encontro com a Natureza madrasta é a contra-alegoria de todas as ideologias progressistas. O fundamento destas é a positividade crescente do tempo. Machado diz o contrário. O tempo é "cúmplice de atentados" e não traz em si a liberação dos homens em face da opressão e da mentira. O tempo corre fazendo esquecer os bons propósitos: nenhuma promessa lhe resiste, "curta é a piedade dos homens", "*les morts vont vite*". O tempo apenas consolida a posição do vencedor enquanto apaga as veleidades de altruísmo e generosidade.

Mas, como essas amargas certezas são ditas de forma diplomática ou sutilmente irônica, a negatividade de Machado pôde parecer, em face de nossa literatura realista e naturalista, um jogo ambivalente de concessões pelo qual o desengano mais fundo se exprime em tom de amena resignação.

Esse efeito de equilíbrio, que é moral e estilístico, impressiona em si mesmo pela sua admirável coerência, mesmo quando afeta ligeireza e descompromisso. Estilo que fez jus ao epíteto *machadiano*, e já entrou para a nossa cultura literária conotando significações inconfundíveis. As interpretações variam, mas afinal todos cremos saber, mais ou menos, o que significa *machadiano*...

É sobretudo pelo contraste que os modos de dizer de Machado de Assis se recortam contra o fundo da expressão torturada dos melhores escritores brasileiros seus contemporâneos, que viveram dramática, quando não tragicamente, as contradições entre as ledas promessas do evolucionismo e as realidades brutas do nosso fim-de-século. Nada mais oposto à contenção da prosa machadiana do que a angústia expressionista d'*O Ateneu*, a escrita convulsa d'*Os sertões*, o grito lancinante do *Emparedado*.

Raul Pompéia, Euclides da Cunha, Cruz e Sousa e, na geração seguinte, Augusto dos Anjos e Lima Barreto: eis um conjunto notável de intelectuais que levaram ao extremo da sua consciência possível a denúncia da iniqüidade ora patente, ora latente nas relações sociais e raciais de um Brasil cujas elites, porém, não dispunham de outra retórica senão a do progresso linear. O fato de serem eles próprios evolucionistas e materialistas (com a exceção parcial de Cruz e Sousa, que combinou crítica social e espiritualismo) os colocava na situação paradoxal de acusadores sem saída. O *mal* que denunciavam (violência mascarada de educação e civilização, o crime de Canudos, a odiosidade do preconceito) era avaliado pela ciência do tempo hostil ao "nosso" atraso, mas ao cabo, indiferente aos vencidos. *Vae victis!*

A razão do alienista Dr. Simão Bacamarte é fantasia de obcecado que tem poderes para exercê-la. A filosofia de Quincas Borba é caricatura de razões darwinianas e jargão positivista. Descrendo da evolução linear e satirizando os prodígios das novas ciências, o universalismo moral de Machado situa-se às vezes aquém das reações agônicas de Pompéia, Euclides e Cruz e Sousa, mas às vezes parecem ir além delas. Aquém: é a sua indiferença à modernização ideológica que já então prometia mais do que cumpriria; daí o efeito de contrapelo conservador que produziu em alguns leitores a sua reserva ou isenção em face das utopias do tempo. Mas além: o século que passou e que nos separa de Machado nos obriga a rever criticamente o próprio conceito de modernidade como fatal liberação das amarras da injustiça, da violência e da impostura. Para onde e para o quê aponta afinal essa modernidade de mil caras que veio no bojo do triunfo capitalista e não cessa de alardear os seus feitos e exigir os seus direitos? Neste fim de milênio, como o refletiu Eric Hobsbawm ao fechar a *Era dos extremos*, nada está assegurado, as Luzes não conseguem espancar as trevas, e elas próprias se vêem misturadas de sombras que vão e voltam inquietantes. Retrospectivamente, a desconfiança solitária de Machado de Assis nos parece menos acanhada ou fria do que, não sem motivos pessoais, a julgava Lima Barreto, intelectual mestiço e rebelde na república *Belle époque* dos Bruzundangas.

Indivíduo, tipo e pessoa

Trabalhando a fundo a sua visão universalista da espécie e do destino e postando-se em um *distanciamento estratégico* em face das convenções culturais do seu tempo, e compreensível que Machado não tenha reduzido as suas personagens àquela galeria de tipos locais que os realistas e naturalistas da época tantas vezes desenharam com o traço da *mímesis* convencional. O tipo é um conjunto fechado de caracteres psicossociais. O comportamento da personagem-tipo é previsível no sentido da reprodução da própria identidade pública. O *tipo ideal* weberiano implica esse finalismo imanente que daria sentido às ações dos sujeitos incluídos no seu âmbito. Construir tipos é exemplo do que o marxismo ortodoxo defende como função própria da literatura: transpor para o texto formas da particularidade social. A leitura sociológica não pode tampouco prescindir da concepção tipológica das personagens. A sociologia, quer durkheimiana, quer weberiana, quer lukacsiana, precisa absolutamente do tipo, pois o universal lhe parece demasiado abstrato, e o indivíduo é, por natureza, inefável. É o que já dizia o realismo pré-crítico dos escolásticos, na esteira de Aristóteles: não há ciência do indivíduo.

No entanto, Machado de Assis, que não era cientista social, mas romancista, construiu livremente ora rasgos individuais, ora tipos, ora pessoas. Essa riqueza e variedade do seu realismo, já comparado às conquistas de Proust e de Pirandello, lhe era facultada pela sua capacidade dialética de negar a negação (tomada no sentido que lhe deu Hegel), o que abre e areja por dentro as certezas compactas do determinismo sociológico.

O indivíduo é o momento do ser humano ainda avulso que se dá ao leitor como impulso atomizado, arbitrário, veleitário, avesso a qualquer determinação fixa: só aparece em gestos isolados, projeções gratuitas e efêmeras da sensibilidade.

O tipo é a negação dialética (logo, não absolutizada) desse momento volátil mediante a inerência de condicionamentos sociais e psicológicos, com os seus caracteres específicos e definidores. O tipo tira o indivíduo da sua dispersão existencial e lhe dá coesão, estabilidade e solidez social a troco da sua ordenação e submissão.

Por sua vez, a pessoa é a negação dialética do tipo já ossificado e preso às suas determinações. A pessoa, enquanto capaz de exercer a vontade de refletir as suas relações com os outros, é mais concreta, mais autoconsciente e, por hipótese, mais livre do que o tipo; o que não significa que a sua existência se desenrole em um plano ideal, fora das pressões sociais. Ao contrário, a força da pessoa se afirma dentro da máquina social e, em certos momentos, contra esta.

Indivíduo, tipo, pessoa: trata-se de uma rede dinâmica de possibilidades, um processo de inerência, e não de exclusões definitivas. O indivíduo, que Machado flagra praticando este ou aquele ato aparentemente gratuito (mas, no fundo, movido pelo desejo ou pelo medo, universais do comportamento), poderá entrar e, em geral, acaba entrando para o conjunto limitado de caracteres que o marcarão como tipo. Esse é tantas vezes o destino que lhe foi reservado pelo meio, pela classe, pela educação ou simplesmente pela cor da sua pele. A sua margem de liberdade e escolha parece então mínima ou nula, e é nesta condição que o colhe e o descreve o discurso sociológico não raro combinado com uma explicação funcionalista dos comportamentos: cada tipo guardaria em si a ideologia correspondente à sua particularidade social. A ficção passa a ser um inventário de situações típicas, personagens típicas e idéias típicas de personagens em situação.

De todo modo, há em Machado mais do que simples inventário: há invenção. E essa inventividade do romancista permitiu-lhe seguir, graças à mobilidade do seu olhar, os movimentos públicos ou íntimos de personagens, que ora vivem segundo o capricho de sensações imediatas, isto é, vivem como indivíduos na acepção negativa de mônadas exteriores umas às outras; ora comportam-se como tipos agindo de acordo com os cálculos necessários para manter ou elevar o próprio *status*; ora, enfim, podem trazer em si o aguilhão da consciência da sua dignidade como pessoas, sem que essa rara disposição interior seja automaticamente causada pela sua classe econômica.

Lembro, nessa ordem de idéias, um conto extraordinário, "O espelho". Jacobina, o protagonista, ao receber o título e a farda de alferes, passa a existir exclusivamente como tipo: "o alferes eliminou o homem". Jacobina só se reconhece a si mesmo enquanto se espelha no olhar do outro, provando assim que a fôrma social imposta de fora é matriz da sua identidade. Sem a farda, signo visível da sua "alferidade", a personagem se vê decomposta em farrapos de sensações e imagens, carente de unidade. O tipo social tinha incorporado em si as veleidades do indivíduo e lhe dera forma estável. Essa, porém, é apenas meia verdade, pois quem conta a história, o narrador em primeira pessoa, *tem consciência do que lhe aconteceu*; logo, é um foco de luz que aclara tanto a situação de si próprio antes de assumir o *status* de alferes quanto a ação da particularidade social que o absorveu. Enquanto narrador reflexivo do seu destino, Jacobina é pessoa, ser de autoconsciência e relação, sem as quais a memória e o ato de narrar não teriam sequer condições de articular-se e exprimir-se.

Rasgos individuais erráticos, tipo e pessoa entretêm, na síntese viva da escrita ficcional, relações de inerência e de passagem de que não dá conta o discurso classificador.

Tampouco o olhar puramente formalista avança na compreensão desse movimento peculiar à construção da personagem. Muitas das observações, de resto analiticamente válidas, sobre a composição em ziguezague das figuras machadianas, ganhariam em significação existencial se entendidas a partir do étimo do seu estilo[2].

O étimo é a cunha da consciência crítica, relativizadora, que o narrador introduz na ossatura dos tipos sociais ou no tecido ondulante dos apetites e sensações do indivíduo. A armação da figura sem a vigilância da consciência que a faz, desfaz e refaz seria vazia, gratuito arabesco, se tanto, mais nada. Compreender historicamente essa consciência, levando em conta diferentes tradições de pensamento e linguagem, é o desafio que os leitores do romancista não cessam de enfrentar.

---

2. Quanto ao exame formal da linguagem machadiana, que inclui o estudo do discurso ficcional e das suas operações intertextuais, ainda há muito que garimpar. Se os contemporâneos de Machado (Eça, Aluísio, Pompéia) dialogavam estilisticamente com os realistas e naturalistas (Flaubert, os Goncourt, Zola, Maupassant), o narrador das cabriolas de Brás Cubas se comprazia em reinventar a composição em vaivéns, as caixas de surpresa, o estilo joco-sério e a soltura da frase de Sterne, de Xavier de Maistre, de Garrett, desarticuladores da sintaxe clássica e criadores de uma escrita digressiva, metanarrativa, auto-irônica. O que é uma das faces da sua modernidade, esse conceito protéico. As noções de *dialogismo* e *carnavalização* de Mikhail Bakhtin ainda poderão prestar bom serviço no cumprimento dessa tarefa analítica, desde que sejam adotadas *cum grano salis*. Mas, feitas as aproximações cabíveis, a interpretação histórica pede que se dê a Machado o que é de Machado: a sua perspectiva, o seu tom e os objetos que escolheu para assestar a sua mira.

* * *

Representando os múltiplos graus e formas da nossa assimetria social – atravessando todo o Brasil Império até os anos iniciais da República –, Machado situa-se plenamente na fase do Realismo, momento extremamente fecundo para a cultura letrada brasileira.

Mas a *perspectiva* com que o romancista maduro traçou o quadro não introjetou as idéias dominantes no período da sua formação (romantismo conservador, liberalismo encruado para acumpliciar-se com o cotidiano político do Império), nem as correntes que circularam, a partir de 70, em nosso meio cultural. Nem conservador, nem evolucionista, nem positivista, nem cientificista, nem republicano, nem militante abolicionista, embora inequivocamente simpático ao movimento antiescravista dos anos 70 e 80. Machado educara o seu olhar em valores e modos de pensar que vinham da tradição analítica e moral seis-setecentista. Valores e modos de pensar que permearam o seu distanciamento estratégico e deram à sua linguagem um quê de discreto e picante que pode até parecer clássico.

A ilustração cética, que precedeu a Revolução Francesa e sobreviveu à Restauração, desconheceu praticamente a indústria, o mundo operário, as utopias socialistas e a divisão dos saberes em técnicas particulares que seriam a expressão da modernidade capitalista *in progress*. A fidelidade àquele olhar ainda universalizante e, a seu modo, realista e moderno impediu que Machado se convertesse em mero cronista de costumes locais, ou em adepto das "idéias novas" de Sílvio Romero (que não por acaso o hostilizou duramente); e, o que foi uma sorte para a nossa literatura, o preservou da tentação naturalista de fabricar tipos marcados por estigmas hereditários.

Machado de Assis, fixando atentamente o Brasil urbano do século XIX, mas pensando como um analista moral do século XVIII, pôde ser, para este nosso século XX em agonia, uma voz inquietante que fala baixo mas provoca sempre.

*Materiais para uma genealogia
do olhar machadiano*

> [...] *o desenvolvimento jamais começa do início, mas elabora sempre* os resultados de etapas precedentes, *tendo em vista necessidades atuais, assimilando-os.*
>
> G. LUKÁCS, *Introdução a uma estética marxista*

Uma das hipóteses recorrentes neste ensaio aponta para a conveniência de distinguir entre a matéria observada e a lógica imanente no olhar do observador.

Uma visão historicista pontual, só atenta aos episódios extraficcionais mencionados ou supostos na obra de Machado, tende a superpor e fundir as duas instâncias: o objeto da percepção do autor e a perspectiva do narrador; o tempo do relógio e o tempo da mente. Com isso, a crônica miúda dos eventos contemporâneos da escrita faz as vezes da gênese das idéias e dos valores que formaram a cultura e, mais precisamente, o olhar do escritor.

Identificar este ou aquele fato da vida pública do tempo de Machado é ater-se à resenha dos materiais brutos da sua ficção: tarefa que tem o seu interesse episódico como todo estímulo, mas que não deve substituir a análise e a interpretação da obra literária. Os acontecimentos e as figuras que povoam o romance de Machado remetem a uma estrutura social que sabemos assimétrica e injusta; esta, por sua vez, não foi só espelhada pelo narrador, mas *trabalhada, estilizada* e *julgada* à luz de certos critérios éticos e estéticos que é preciso deslindar. Os juízos de valor expressos ou sugeridos no corpo da narração pertencem à história das idéias e das mentalidades, uma história de longa duração, para dizê-lo com as palavras felizes de Fernand Braudel.

Para reconstituir esse modo de olhar seria preciso entender os encontros e os desencontros do moralismo clássico e jansenista (severo até o limite do pessimismo) e a concepção liberal-capitalista da natureza humana, que tentou, pela voz dos precursores da Economia Política, conciliar o cinismo do interesse individual com a hipocrisia da burguesia ascendente que celebrava como progresso do gênero humano a prosperidade da sua classe.

O século que separa o *moi haïssable* pascaliano da *invisible hand* de Adam Smith não correu em vão. O interesse passou de mal radical a mal necessário, e daí a mal domesticável, até chegar ao estatuto de bem útil, já agora necessário no melhor sentido da palavra.

De todo modo, se a hegemonia burguesa trouxe mudança de perspectiva, esta não escaparia à prova da contradição dialética, pois o reconhecimento do egoísmo como universal motor das ações humanas e, ao mesmo tempo, como "motivação imoral", reapareceria na filosofia de Schopenhauer, contraponto de todo otimismo progressista do século XIX. Assim, a lucidez não se contentou em ser realista, mas se quis inconformada. E, se me detenho em Schopenhauer, não me estendendo ao pensamento crítico de Marx e à transmutação dos valores de

Nietzsche, é porque não se encontram no horizonte cotidiano de Machado de Assis.

Esse percurso ideológico, que vai de Maquiavel a Adam Smith e de Pascal a Schopenhauer, foi pontuado de disjunções éticas e de concessões desenganadas. O seu estudo é matéria de vasta bibliografia e faz parte da história acidentada das relações entre o econômico e o ético. O que apresento a seguir são fragmentos significativos, balizas de um pensamento de que Machado nos deu uma singular e complexa variante. A qual tem, para nós brasileiros, a força peculiaríssima de revelar um passado que o nosso presente longe está de ter sepultado.

Quem abre ao acaso um La Rochefoucauld, um La Bruyère, logo sente, por contágio, o prazer do tiro certeiro, da flecha que ainda vibra, cravada no alvo. São caçadores de raça, e a paixão deles é um esporte abstrato, jogado com palavras, mas dá sensações tão violentas como o exercício dos músculos numa cancha batida de sol.
Há um Machado de Assis que descende dessa mesma raça. Lá está ele, entocaiado no pretexto da sua ficção, fazendo mira, dormindo na pontaria. Atingir, além da máscara superficial, gestos e palavras, a essência turva do homem, o seu centro oculto – não pode haver, para o "grande lascivo", volúpia mais ardente.

Augusto Meyer

QOHELET
Eclesiastes

I, 2-11
Vaidade das vaidades, disse o Eclesiastes. Vaidade das vaidades, tudo é vaidade. Que tira pois o homem de todo o seu trabalho com que se afadiga debaixo do sol? Uma geração passa e outra lhe sucede: mas a terra permanece sempre firme. O sol nasce e se põe e torna ao lugar de onde partiu: e renascendo, faz o seu giro pelo meio-dia e depois se dobra para o norte. O vento corre visitando tudo em roda e volta sobre si mesmo em longos circuitos. Todos os rios correm para o mar e, contudo, o mar não transborda: embora chegados ao fim do seu percurso, os rios voltam a correr. Toda palavra é enfadonha e ninguém é capaz de explicá-la. A vista não se sacia de ver, nem o ouvido se farta de ouvir. O que foi será, o que sucedeu, sucederá, nada há de novo debaixo do sol! Mesmo que se afirmasse: "Olha, isto é novo!", eis que já sucedeu em outros tempos muito antes de nós. Não há memória dos antepassados, e também aqueles que lhes sucedem não serão lembrados pelos seus descendentes.

2, 14 15
O sábio tem os olhos abertos, o insensato caminha nas trevas. Porém, compreendi que uma sorte comum lhes toca a todos. Por isso, disse a mim mesmo: "A sorte do insensato será também a minha; para que então fui sábio?" Disse a mim mesmo: "Também isso é vaidade."

7, 11
Boa é a sabedoria acompanhada de patrimônio: é de proveito àqueles que vêem o sol.

7, 15-17
Já vi de tudo em minha vida cheia de ilusões: gente honrada que fracassa por sua honradez, gente malvada que prospera por sua malvadez. Não exageres tua honradez nem te tornes presunçoso com tua sabedoria: para que matar-se? Não exageres tua malvadez e não sejas insensato: para que morrer antes do tempo?

7, 29
Eis, porém, a única conclusão a que cheguei: Deus fez o homem reto, e este procura complicações sem conta.

9, 11
Outra coisa observei debaixo do sol: a corrida não depende dos ágeis, nem a batalha dos valentes, nem o ganhapão dos sábios, nem a riqueza dos entendidos, nem a estima dos que sabem, mas o tempo e o acaso atingem a todos.

13, 2-3
Que tem em comum a panela de barro e o caldeirão? Este esbarrará nela e ela se quebrará. O rico comete uma injus-

tiça e clama que foi vítima; o pobre é injustiçado e ainda precisa desculpar-se.

13, 18-19
Que paz pode haver entre a hiena e o cão?
Que paz pode haver entre o rico e o pobre?
A caça do leão são os asnos selvagens,
assim a presa dos ricos são os pobres.

Livro de Jó

21, 7
Por que os ímpios continuam a viver,
e ao envelhecer se tornam ainda mais ricos?

MAQUIAVEL
O príncipe

Deve-se notar que os homens têm de ser agradados ou eliminados; porque se vingam das ofensas leves, mas das graves não podem. (Cap. III)

O tempo empuxa todas as coisas, e pode levar consigo tanto o bem quanto o mal, tanto o mal quanto o bem. (Cap. IV)

Daí vem que todos os profetas armados venceram e os desarmados se arruinaram. Porque a natureza dos povos é volúvel; e é fácil persuadi-los de uma coisa, mas difícil mantê-los nessa persuasão. Por isso, convém ordenar as coisas de tal modo que, quando já não mais crêem, se possa fazê-los crer à força. (Cap. VI)

E quem acredita que nos poderosos os benefícios novos façam esquecer as injúrias velhas, engana-se. (Cap. VII)

[...] crueldades mal usadas e bem usadas. Bem usadas se podem chamar aquelas (se do mal é lícito dizer bem) que se fazem de uma só vez por necessidade de segurança, e depois não se insiste nelas, mas se convertem na maior utilidade possível dos súditos. Mal usadas são aquelas que, embora sejam poucas no princípio, antes crescem do que se extinguem com o tempo. Pois as injúrias se devem fazer todas ao mesmo tempo para que, sentindo-se menos, menos ofendam; os benefícios se devem fazer pouco a pouco para que melhor se saboreiem. (Cap. VIII)

Porque um homem que queira fazer em toda parte profissão de bom por força se arruína no meio de tantos que não são bons. Por isso é necessário a um príncipe, se quiser manter-se, aprender a poder não ser bom, e praticá-lo e não praticá-lo, segundo a necessidade. (Cap. XV)

O príncipe deve sobretudo abster-se dos bens alheios, pois os homens esquecem mais depressa a morte do pai que a perda do patrimônio. (Cap. XVII)

Os homens têm menos escrúpulo de ofender uma pessoa que se faça amar do que uma pessoa que se faça temer; porque o amor é mantido por um vínculo de reconhecimento, o qual, por serem malvados os homens, é rompido por qualquer motivo de interesse próprio; mas o temor é mantido por um medo de sofrer que não falha nunca. (Cap. XVII)

Como um príncipe precisa saber usar bem das qualidades dos animais, deve escolher a raposa e o leão; pois o leão não se defende das armadilhas e a raposa não se defende dos lobos. É preciso ser raposa para conhecer as armadilhas e leão para espantar os lobos. Mas essa natureza de raposa, é necessário saber mascará-la bem, e ser grande simulador e dissimulador: e os homens são tão parvos e tanto obedecem às necessidades do momento, que aquele que engana encontrará sempre quem se deixe enganar. (Cap. XVIII)

E os homens, *in universali*, julgam mais com os olhos do que com as mãos, porque a todos é concedido o ver e a poucos o tocar. Cada um vê o que pareces, poucos sentem o que és; e esses poucos não ousam opor-se à opinião dos muitos que têm por si a majestade do Estado; [...] pois o vulgo se deixa cativar pelo que aparece, e não pelo acontecimento da coisa; e no mundo não há senão vulgo; e os poucos se fazem valer quando neles os muitos encontram onde apoiar-se. (Cap. XVIII)

Porque os homens são muito mais tomados pelas coisas presentes do que pelas que passaram, e quando nas presentes encontram o seu bem, contentam-se e não procuram outras. (Cap. XXIV)

Julgo verossímil que a fortuna seja árbitra da metade das nossas ações, mas que ainda nos deixe governar a outra metade, ou pouco menos. (Cap. XXV)

Pascal
Pensamentos

Dois excessos: excluir a razão, não admitir senão a razão. (3)

Quereis que se creia bem de vós? Não o digais vós mesmos. (13)

Deve-se ter piedade de uns e de outros; mas deve-se ter de uns uma piedade que nasce da compaixão e, de outros, uma piedade que nasce do desprezo. (16)

Zombar da filosofia é verdadeiramente filosofar. (24)

Uma cidade, um campo de longe são uma cidade e um campo; mas, à medida que nos acercamos, são casas, árvores, telhas, folhas, ervas, formigas, pernas de formigas, até o infinito. Tudo isso se envolve sob o nome de campo. (29)

Todas as falsas belezas que censuramos em Cícero têm admiradores, e em grande número. (33)

A última coisa que se acha fazendo uma obra é saber qual se deve pôr em primeiro lugar. (63)

Não é em Montaigne, mas em mim, que encontro tudo o que nele vejo. (79)

Os pais temem que o amor natural dos filhos se apague. O que é então essa natureza sujeita a apagar-se? O costume é uma segunda natureza, que destrói a primeira. Mas o que é natureza? Por que o costume não é natural? Temo que essa natureza não seja mais do que um primeiro costume, como o costume é uma segunda natureza. (93)

O espírito deste soberano juiz do mundo não é tão independente que não o perturbe a primeira bulha que se faça em torno dele. Nem é necessário o ruído de um canhão para impedir seus pensamentos: basta o ruído de um cata-vento ou de uma polia. Não vos admireis se ele não está raciocinando bem agora: uma mosca zumbe em seu ouvido; é o que basta para torná-lo incapaz de um bom conselho. Se quiserdes que ele possa encontrar a verdade, enxotai esse animal que põe em xeque a sua razão e turva essa poderosa inteligência que governa as cidades e os reinos. Que deus palhaço ele é! *O ridicolosissimo eroe!* (95)

O poder das moscas: ganham batalhas, impedem nossa alma de agir, comem nosso corpo. (96)

O acaso dá os pensamentos, o acaso os tira; não há arte de conservá-los nem de adquiri-los. (98)

Não diríeis que este magistrado, cuja velhice venerável impõe respeito a um povo inteiro, se rege por uma razão pura e sublime e julga das coisas na sua natureza sem deter-se nessas vãs circunstâncias que afetam só a imaginação dos fracos? Vós o vedes encetando o seu discurso, em que põe um zelo todo devoto reforçando a solidez da sua razão com o ardor da sua caridade. Ei-lo prestes a ser ouvido com respeito exemplar. Que o orador apareça, mas que a natureza lhe tenha dado uma voz roufenha e uma fisionomia bizarra, que o barbeiro o tenha mal barbeado e o acaso, para cúmulo do azar, o tenha manchado, por maiores que sejam as verdades que anunciar, eu aposto na perda de gravidade do nosso senador. (104)

O maior filósofo do mundo, sobre uma tábua mais larga do que é preciso, se tiver abaixo de si um precipício, embora a razão o convença da sua segurança, deixará sua imaginação prevalecer. (104)

A afeição ou o ódio muda a justiça de face. E quanto um advogado bem pago de antemão acha mais justa a causa que ele defende! Quanto o seu gesto ousado faz que ele pareça melhor aos juízes, engodados por essa aparência! Risível razão que um vento maneja, e em todos os sentidos! (104)

Quem não sabe que a vista dos gatos, dos ratos, o esmagamento de um abscesso, etc. tiram a razão fora dos seus gonzos? (104)

As impressões antigas não são as únicas capazes de nos enganar; os encantos da novidade têm o mesmo poder. (104)

Imaginação. Esta soberba potência, inimiga da razão, que se compraz em controlá-la e dominá-la para mostrar o quanto ela pode em todas as coisas, estabeleceu no homem uma segunda natureza. A imaginação tem os seus felizes, os seus infelizes, os sãos, os doentes, os seus ricos, os seus pobres; faz crer, duvidar, negar a razão, suspende os sentidos e os faz sentir; tem os seus loucos e os seus sábios; e nada nos causa mais despeito do que vê-la forrar os seus hospedeiros de uma satisfação bem mais plena e inteira do que a razão. Os hábeis na sua própria imaginação comprazem-se em si mesmos de modo bem diverso do que os prudentes conseguem razoavelmente fazê-lo. Olham as pessoas de modo imperioso; disputam com ousadia e confiança; os outros, com temor e desconfiança; e esse contentamento no rosto lhes traz não raro vantagem na opinião dos ouvintes, tanto é verdade que aqueles sábios imaginários alcançam favor junto a juízes da mesma natureza. A imaginação não pode tornar sábios os loucos; mas torna-os felizes, ao contrário da razão que só consegue fazer miseráveis os seus amigos; uma cobre-os de glória; a outra, de vergonha. (104)

Tudo o que foi fraco não poderá ser absolutamente forte. Por mais que se diga: *ele cresceu, ele mudou*; ele é também o mesmo. (111)

As crianças que se assustam com o rosto que elas mesmas lambuzaram são crianças; mas esse meio tão fraco na criança se tornará bem forte quando ela crescer! Não fazemos mais do que mudar de fantasia. (111)

O tempo cura as dores e as querelas, porque mudamos, não somos a mesma pessoa. Nem o ofensor nem o ofendido são mais eles mesmos. É como um povo que injuria-

...mos e que veríamos de novo depois de duas gerações. São ainda franceses, mas não são os mesmos. (112)

Ele já não ama essa pessoa que ele amava há dez anos. Acredito: nem ela é mais a mesma, nem ele tampouco. Ele era jovem, ela também; ela é outra. Ele ainda a amaria talvez tal qual ela era então. (113)

A natureza do homem é toda natural, *omne animal*. Não há coisa alguma que não tornemos natural, nem há (qualidade) natural que não possamos perder. (121)

A prevenção que induz a erro. É coisa deplorável ver que todos os homens só deliberam sobre os meios, e não sobre o fim. Cada um pensa em como se desempenhará na sua profissão; mas a escolha da própria condição, ou da pátria, é a sorte que no-la dá. (124)

"Oh! como isto está bem acabado! que hábil artífice! que audaz é este soldado!" Eis a fonte de nossas inclinações e da escolha das profissões. "Como ele bebe! e como aquele outro bebe pouco!" Eis o que faz as pessoas sóbrias e ébrias, soldados, poltrões, etc. [...] À força de ouvir louvar na infância essas profissões, e desprezar todas as outras, nós escolhemos; pois naturalmente amamos a virtude e odiamos a loucura; estas palavras mesmas decidirão: não se peca senão na sua aplicação. Tão grande é a força do hábito que, daqueles que a natureza não fez senão homens, fizeram-se todas as condições dos homens; países há onde todos são pedreiros, outros todos soldados. Sem dúvida a natureza não é uniforme. É o costume que faz isso, pois constrange a natureza, embora às vezes a natureza o supere, retendo o homem no seu instinto, apesar de todo costume, bom ou mau. (126)

A vida humana não é senão uma ilusão perpétua; não fazemos mais do que nos entre-enganarmos e nos entre-adularmos. Ninguém fala de nós em nossa presença como fala em nossa ausência. A união que existe entre os homens é fundada tão-só sobre este mútuo engano; e poucas amizades subsistiriam se cada um soubesse o que o seu amigo diz dele quando ele não está presente, embora o amigo fale sinceramente e sem paixão. O homem não é, portanto, mais do que mascaramento, mentira e hipocrisia, tanto em si mesmo quanto em face dos outros. O homem não quer que se lhe diga a verdade, evita dizê-la aos outros; e todas essas disposições, tão afastadas da justiça e da razão, têm uma raiz natural no seu coração. (130)

Tratam-nos como queremos ser tratados: detestamos a verdade, escondem-na de nós; queremos ser adulados, adulam-nos; gostamos de ser enganados, enganam-nos. Com isso, cada degrau da fortuna que nos eleva no mundo afasta-nos mais da verdade, pois tememos ferir aqueles cuja afeição é mais útil, e a aversão mais perigosa.
Um príncipe será objeto de derrisão de toda a Europa, e só ele nada perceberá. Não me admiro: dizer a verdade é útil a quem se diz, mas desvantajoso aos que a dizem, porque estes se fazem odiar. Ora, os que vivem com os príncipes preferem seus interesses aos do príncipe que eles servem; e assim não cuidam de propiciar-lhe uma vantagem que prejudicaria a si mesmos. (130)

Deplorar os infelizes não contraria a sensualidade. Ao contrário, sentimo-nos muito à vontade ao render esse testemunho de amizade e granjear fama de compassivos, sem dar nada. (133)

Como explicar que este homem, que há poucos meses perdeu seu único filho, e, vergado sob processos e demandas, estava esta manhã tão perturbado, não pense mais em nada agora? Não estranheis: ele está todo ocupado em ver por onde passará aquele javali que os seus cães perseguem com tanto ardor faz seis horas. Nem é preciso mais. (133)

Fundaram e tiraram da sensualidade regras admiráveis de urbanidade, de moral e de justiça; mas, no fundo, este fundo vilão do homem, este *figmentum malum*, foi apenas coberto: não foi arrancado. (135)

Não nos contentamos com a vida que temos em nós e em nosso próprio ser: queremos viver na idéia dos outros uma vida imaginária e nos esforçamos para aparecer. Trabalhamos incessantemente para embelezar e conservar nosso ser imaginário e descuramos do verdadeiro. (145)

Somos tão presunçosos que gostaríamos de ser conhecidos pela terra inteira, até mesmo pelos que vierem quando já não existirmos; e somos tão vãos que a estima de cinco ou seis pessoas que nos rodeiam nos diverte e nos contenta. (148)

A vaidade está tão ancorada no coração do homem que um soldado, um peão, um cozinheiro, um carregador se gaba e quer ser admirado; e os próprios filósofos o desejam; e os que escrevem contra querem a glória de ter bem escrito; e os que os lêem querem a glória de os ter lido; e eu, que escrevo estas coisas, tenho talvez esse desejo; e talvez os que as lerão... (153)

Tu és menos escravo por seres amado e adulado por teu padrão? Tens bens demais, escravo; teu patrão te adula, logo te baterá. (158)

Descrição do homem: dependência, desejo de independência, necessidade. (160)

O tempo e o meu humor têm pouca ligação entre si; tenho meus nevoeiros e meu bom tempo dentro de mim; até mesmo o bem ou o mal de meus trabalhos conta pouco. (163)

Quem quiser conhecer plenamente a vaidade do homem não tem mais do que considerar as causas e os efeitos do amor. A causa é um *não sei quê* (Corneille), e os efeitos são temíveis. Este *não sei quê*, tão pouca coisa que mal se pode reconhecer, remove toda a terra, os príncipes, os exércitos, o mundo inteiro.

O nariz de Cleópatra: se fosse mais curto, toda a face da terra teria mudado. (180)

Cromwell ia devastar toda a cristandade; a família real estava perdida, e a sua ficaria poderosa para sempre se não fosse um grãozinho de areia que se meteu na sua uretra. A própria Roma ia tremer debaixo de seus pés, mas, tendo-se metido lá aquele pedregulho tão miúdo, ele morreu, sua família foi abatida, tudo voltou à paz, e o rei foi reposto. (221)

Corremos descuidados para o precipício depois que pusemos alguma coisa à nossa frente para nos impedir de vê-lo. (226)

O último ato é sangrento, por mais bela que seja a comédia em todo o resto: lança-se enfim terra sobre a cabeça, e assim é, para sempre. (227)

Três graus de latitude do pólo derrubam toda jurisprudência; um meridiano decide da verdade; em poucos anos de posse as leis fundamentais mudam; o direito tem as suas épocas [...]. Bizarra justiça que um rio limita! Verdade aquém dos Pireneus, erro além. (228)

Por que me matas? Ora, não moras do outro lado da água? Meu amigo, se morasses deste lado, eu seria um assassino, e seria injusto matar-te deste modo; mas, como tu moras do outro lado, eu sou um herói, e isso é justo. (233)

Veri juris (Do direito verdadeiro). Não o temos mais: se o tivéssemos, não tomaríamos como regra de justiça seguir os costumes do nosso país. É que, não podendo encontrar o justo, encontrou-se o forte. (235)

A justiça é o que está estabelecido, e assim todas as nossas leis serão necessariamente tidas por justas sem serem examinadas, já que estão estabelecidas. (236)

Assim como a moda faz os prazeres do mundo, é ela que faz a justiça. (237)

A força é a rainha do mundo, e não a opinião. Mas é a opinião que usa da força. É a força que faz a opinião. A tibieza (*mollesse*) é bela, segundo nossa opinião. Por quê? Porque quem quiser dançar sobre a corda, ficará só; e eu farei uma cabala mais forte de gente que dirá que isso não é belo. (242)

O império fundado sobre a opinião e a imaginação reina por algum tempo, e esse império é doce e voluntário; o da força reina sempre. Assim a opinião é como a rainha do mundo, mas a força é o seu tirano. (243)

Falsa humildade, orgulho. Levantai a cortina. O que quer que fizerdes é preciso ou crer, ou negar, ou duvidar. Não teremos acaso regra alguma? Nós julgamos dos animais que fazem bem o que fazem. Mas não haverá regra para julgar dos homens? Negar, crer e duvidar bastante estão para o homem o mesmo que o correr está para o cavalo. (249)

Nem a contradição é marca de falsidade, nem a não-contradição (*incontradiction*) é marca de verdade. (250)

Quanto bem se faz em distinguir os homens pelo exterior e não por suas qualidades internas! Quem de nós dois deve passar primeiro? Quem cederá lugar ao outro? O menos hábil? Mas eu sou tão hábil quanto ele; é preciso duelar para resolver. Ele tem quatro lacaios, eu só tenho um: isto é visível, é só contar; sou eu que devo ceder, e seria um tolo se o contestasse. Eis-nos em paz por este meio, o que é o maior dos bens. (302)

O que é o eu?
Aquele que ama uma pessoa por causa da sua beleza, ama-a deveras? Não; pois a bexiga, que matará a beleza sem matar a pessoa, fará com que ele não mais a ame. (306)

É preciso ter um pensamento de retaguarda, e julgar de tudo por ele, falando entretanto como o povo. (311)

A natureza do homem não é ir sempre em frente: ela tem suas idas e vindas.
A febre tem seus arrepios e seus ardores; e o frio mostra a intensidade do ardor da febre tanto quanto o próprio calor.
As invenções do homem de século a século seguem o mesmo passo. A bondade e a malícia do mundo também. *Plerumque gratae principibus vices*[1]. (318)

A eloqüência contínua entedia. Os príncipes e os reis às vezes jogam. Eles não ficam sempre em seus tronos: aí se entediam: a grandeza precisa ser deixada para ser sentida. A continuidade aborrece em tudo; o frio é agradável para se esquentar. A natureza age progressivamente, *itus et reditus*. Passa e volta, depois vai mais longe, depois duas vezes menos, depois mais do que nunca.
O fluxo do mar se faz assim, o sol parece caminhar assim:

(319)

---
1. "As mudanças agradam não raro aos grandes" (Horácio, *Odes*, III, XXIX, 13).

Não é bom ser livre demais. Não é bom ter todas as necessidades. (325)

Se ele se exalta, eu o rebaixo; se ele se rebaixa, eu o exalto; e o contradigo sempre, até que ele compreenda que é um monstro incompreensível. (330)

A sensibilidade do homem para as pequenas coisas e a insensibilidade para as grandes, marca de uma estranha reviravolta. (340)

Não podemos ver advogado de toga e capelo sem ter uma opinião vantajosa da sua competência. (369)

A imaginação dispõe de tudo; ela faz a beleza, a justiça e a felicidade, que é tudo neste mundo. De bom grado eu veria o livro italiano de que só conheço o título e que vale por si só muitos livros: *Della opinione regina del mondo*. Subscrevo-o sem conhecê-lo, salvo o mal que possa conter. (369)

Nossos magistrados conheceram bem esse mistério [da imaginação]. As suas togas vermelhas, os arminhos com que se enfardelam como gatos forrados, os palácios onde julgam, as flores-de-lis, todo esse aparelho augusto era deveras necessário, e, se os médicos não tivessem togas e mulas e os doutores não usassem barretes quadrados e amplíssimas sotainas de quatro abas, jamais teriam enganado o mundo que não pode resistir a essa mostra tão autêntica. (369)

Todos os homens procuram ser felizes: não há exceção; por diferentes que sejam os meios que empreguem, todos tendem a esse fim. O que faz que alguns vão à guerra, e outros não, é este mesmo desejo, que em cada um se acompanha de diferentes opiniões. A vontade não dá jamais o menor passo que não seja em direção a esse objeto. É o motivo de todas as ações de todos os homens, até mesmo dos que vão enforcar-se. (370)

Todo nosso raciocínio se reduz a ceder ao sentimento. (474)

LA ROCHEFOUCAULD
Reflexões ou sentenças e máximas morais

I
Nossas virtudes não são o mais das vezes que vícios mascarados.

II
O amor-próprio é o maior de todos os aduladores.

III
Por mais descobertas que se tenham feito no reino do amor-próprio, ainda restam nele muitas terras desconhecidas.

V
A duração de nossas paixões não depende de nós mais que a duração de nossa vida.

VII
Essas grandes e estrepitosas ações que ofuscam os olhos são representadas pelos políticos como se fossem os efeitos de grandes desígnios, mas são, em geral, efeitos do hu-

mor e das paixões. Assim, a guerra de Augusto e de Antônio, que se atribui à ambição que tinham ambos de se tornarem donos do mundo, talvez não fosse mais do que um efeito de ciúme.

X
Há no coração humano uma geração perpétua de paixões; de sorte que a ruína de uma é quase sempre o estabelecimento da outra.

XIX
Todos temos bastante força para suportar os males do próximo.

XXVI
Não se pode fitar nem o sol nem a morte.

XXXIX
O interesse fala toda sorte de línguas e faz toda sorte de papéis, até mesmo o de desinteressado.

LII
Por maiores que pareçam as diferenças entre os destinos, há certa compensação de bens e de males que os torna iguais.

LV
O ódio aos favoritos nada mais é do que o amor ao favor. O despeito de não desfrutá-lo se consola e se abranda pelo desprezo que se testemunha aos que dele desfrutam, e nós lhes recusamos nossas homenagens, não podendo tirar-lhes o que neles atrai as homenagens de todo o mundo.

CXXXV
Somos às vezes tão diferentes de nós mesmos quanto dos outros.

CLXX
É difícil julgar se um procedimento limpo, sincero e honesto é efeito de probidade ou de habilidade.

CLXXI
As virtudes se perdem no interesse como os rios se perdem no mar.

CCXVIII
A hipocrisia é uma homenagem que o vício presta à virtude.

CCXXVII
As pessoas felizes dificilmente se corrigem; elas acreditam sempre que têm razão quando a fortuna sustenta a sua má conduta.

CCXXVIII
O orgulho não quer dever e o amor-próprio não quer pagar.

CCXXXI
Grande loucura é querer ser sábio sozinho.

CCLV
Cada sentimento tem um tom de voz, gestos e fisionomias que lhe são próprios, e essa relação, boa ou má, agradável ou desagradável, é o que faz com que as pessoas agradem ou desagradem.

CCLVI
Em todas as profissões, cada um afeta um semblante e um exterior para parecer o que ele quer que se creia dele. Assim, pode-se dizer que o mundo não é composto senão de aparências. [Na edição de 1665, a sentença de n.º 270 está assim redigida:]
Em todas as profissões e em todas as artes, cada um faz para si uma aparência e um exterior que ele põe no lugar da coisa cujo mérito quer obter; de sorte que o mundo todo não é composto senão de aparências e é em vão que trabalhamos para nele encontrar alguma coisa de real.

CCLVII
A gravidade é um mistério do corpo inventado para esconder as faltas do espírito.

CCCXVI
As pessoas fracas não podem ser sinceras.

Pela palavra *interesse* não se entende sempre um interesse de riquezas, mas a maioria das vezes um interesse de honra ou de glória. (*Advertência ao leitor*, ed. de 1666)

Prometemos segundo nossas esperanças e cumprimos segundo nossos temores. (38)

O capricho de nosso humor é ainda mais bizarro que o da fortuna. (45)

Para nos instalarmos na sociedade fazemos tudo quanto podemos para parecer que já estamos instalados. (56)

A sinceridade é uma abertura do coração. Encontra-se em muito poucas pessoas, e a que se vê em geral não é mais que uma fina dissimulação para atrair a confiança dos outros. (62)

Nossa desconfiança justifica que os outros nos enganem. (86)

O espírito cai sempre no logro do coração. (102)

Esquecemos facilmente nossas faltas quando só nós as conhecemos. (196)

Padre Manuel Bernardes
Luz e calor

Que depressa procuro dar furo aos tumores de minha consciência, quando lateja com a muita peçonha, que a tem criado!

Onde muitos se acham presentes, sempre a minha modéstia lança melhor vestido que onde poucos. Será por dar bom exemplo?

Quebrou Adão o preceito, e logo se desculpou com Eva; deu Eva o escândalo, e logo se escusou com a serpente; Adão e Eva se acharam despidos, e logo se cobriram com folhas. Com que neste mundo tudo é desnudez por dentro, folhagem por fora.

Que coisa é o homem neste mundo? Comediante no trabalho, hóspede na estalagem, uma candeia exposta ao vento, fábula de calamidade, padecente caminhando para o suplício. Que é o mundo? Hospital de doidos, aparências e jogo de títeres, casa cheia de fumo. Que é a nobreza? Riquezas já de mais longe.

Muitas vezes julgamos ser propósitos assentados os que não passam de veleidades puras. As veleidades explicam-se com a palavra: *Quisera*. Os propósitos ou determinações com a palavra: *Quero*. E assim como um *quisera* pode estar junto com um *não quero*, assim os tais desejos de fazer podem estar juntos com um *não faço*.

LA BRUYÈRE
Os caracteres

Tudo está dito e chegamos tarde demais depois de mais de sete mil anos em que há homens que pensam. Quanto aos costumes, o mais belo e o melhor é tirado dos outros; não fazemos mais do que respigar no rasto dos antigos e dos modernos mais avisados. ("Das obras do espírito", 1)

Não é tão fácil granjear nome por meio de uma obra perfeita quanto fazer valer uma obra medíocre graças ao nome que já se adquiriu. (Id., 4)

A glória ou o mérito de certos homens consiste em escrever bem; de outros, em não escrever. (Id. 59)

Horácio ou Despréaux já o disse antes de vós. – Acredito na vossa palavra; mas eu o disse como se fosse meu. Não posso pensar depois deles uma coisa verdadeira, e que outros ainda pensarão depois de mim? (Id., 69)

A frieza e a frouxidão na amizade têm as suas causas; no amor não há outra razão de não mais amar do que ter amado demais. ("Do coração", 30)

Deveria haver no coração fontes inesgotáveis de dor por certas perdas. Não é por virtude nem por força de espírito que saímos de uma grande aflição: choramos amargamente, sentimo-nos tocados; mas somos em seguida tão fracos ou tão levianos que nos consolamos. (Id., 35)

A experiência confirma que a brandura ou a indulgência para consigo e a dureza para com os outros são um só e mesmo vício. (Id., 49)

Os homens começam pelo amor, acabam pela ambição e não se acham muitas vezes em disposição de alma mais tranqüila senão quando morrem. (Id., 76)

Um nascimento nobre ou uma grande fortuna anuncia o mérito e o faz notar mais cedo. ("Dos bens de fortuna", 2)

Champagne, ao sair de um jantar prolongado que lhe infla o estômago em meio aos doces vapores de um vinho de Avernay ou de Sillery, assina uma ordem que lhe apresentam, e que tiraria o pão de toda uma província, caso não a socorressem. Desculpem-no: que meio há de compreender na primeira hora da digestão que se possa em algum lugar morrer de fome? (Id., 18)

Não nos arrebatemos contra os homens ao ver a sua dureza, a sua ingratidão, a sua injustiça, a sua soberba, o amor de si próprios e o esquecimento dos outros: eles são feitos assim, é a sua natureza; encolerizar-se é não poder suportar que a pedra caia ou que o fogo se eleve. ("Do homem", 1)

Basta às vezes uma linda casa que se herde, um belo cavalo ou um lindo cão que se venha a possuir, uma tapeçaria, um pêndulo, para aliviar uma grande dor e fazer que se sofra menos uma grande perda. (Id., 31)

As crianças são imperiosas, desdenhosas, coléricas, invejosas, curiosas, interesseiras, preguiçosas, volúveis, medrosas, intemperantes, mentirosas, dissimuladas; riem e choram facilmente; mostram alegrias imoderadas e aflições amargas por coisas de nada; não querem sofrer dor e gostam de causá-la: são já homens. (Id., 50)

Um homem vaidoso acha proveito em dizer bem ou mal de si; um homem modesto não fala de si. (Id., 66)

Buscamos nossa felicidade fora de nós mesmos e na opinião dos homens, que sabemos aduladores, pouco sinceros, sem eqüidade, cheios de inveja, de caprichos e de preconceitos: que extravagância! (Id., 76)

Se ouvíssemos dizer dos Orientais que eles têm o costume de beber um licor que lhes sobe à cabeça, faz perder a razão e os faz vomitar, diríamos: "Que coisa de bárbaros!" ("Dos julgamentos", 24)

A distância que há entre o perfeito cavalheiro e o homem prudente se reduz dia por dia e está a ponto de desaparecer. O homem prudente é o que esconde as suas paixões, ouve os próprios interesses, sacrifica-lhes muita coisa, e soube adquirir bens ou conservá-los.

O perfeito cavalheiro é o que não assalta nas grandes estradas e não mata ninguém; enfim, aquele cujos vícios não são escandalosos.

É sabido de todos que um homem de bem é perfeito cavalheiro, mas é divertido imaginar que nem todo perfeito cavalheiro é homem de bem. (Id., 55)

Não há quase ninguém que se aperceba por si mesmo do mérito alheio. Os homens estão demasiado ocupados em si mesmos para ter tempo de penetrar ou discernir os outros: daí vem que com um grande mérito e maior modéstia pode-se ser por muito tempo ignorado. ("Do mérito pessoal", 5)

Vauvenargues
Reflexões e máximas

A consciência, a honra, a castidade, o amor e a estima dos homens têm seu preço em dinheiro. A liberalidade multiplica as vantagens das riquezas. (50)

Não há pessoas mais azedas do que as doces por interesse. (55)

O que é arrogância nos fracos e elevação nos fortes; como a força dos doentes é frenesi e a dos sãos é vigor. (74)

Não é verdade que os homens sejam melhores na pobreza do que na riqueza. (77)

Os homens sentem vontade de prestar serviço só enquanto não podem fazê-lo. (81)

Quem acredita não precisar mais dos outros torna-se intratável. (83)

É raro obter muito dos homens de quem se precisa. (84)

Os homens têm grandes pretensões e pequenos projetos. (89)

É preciso tudo esperar e tudo temer do tempo e dos homens. (102)

Descobrimos em nós mesmos o que os outros nos escondem e reconhecemos nos outros o que escondemos de nós mesmos. (106)

Os mentirosos são baixos e fanfarrões. (110)

A esterilidade do sentimento alimenta a preguiça. (117)

A consciência é a mais mutável das regras. (133)

A falsa consciência não se conhece a si mesma. (134)

A consciência é presunçosa nos fortes, tímida nos fracos e nos infelizes, inquieta nos indecisos: órgão do sentimento que nos domina e das opiniões que nos governam. (135)

Nenhum homem é fraco por opção. (171)

Censuramos os infelizes para nos dispensar de os deplorar. (172)

A dependência nasceu da sociedade. (185)

Os fracos querem depender para ser protegidos. (188)

Há injúrias que se devem dissimular para não comprometer a própria honra. (190)

Os que zombam das inclinações sérias amam seriamente as bagatelas. (207)

É falso que a igualdade seja uma lei da natureza. A natureza nada fez de igual. Sua lei soberana é a subordinação e a dependência. (227)

Apreciamos às vezes até mesmo os louvores que não julgamos sinceros. (234)

A necessidade envenena os males que ela não pode curar. (249)

Erramos ao pensar que um defeito possa excluir a virtude inteira, ou ao considerar a aliança do bem e do mal como um monstro ou um enigma. É por falta de penetração que conciliamos tão poucas coisas. (287)

Por que queremos que o amor-próprio seja sempre um vício? (290)

No coração dos poderosos o prazer e a ostentação superam o interesse. (304)

Os tratados mais bem negociados não são mais que a lei do mais forte. (309)

O comércio é a escola do embuste. (310)

A arte de agradar é a arte de enganar. (329)

Somos demasiado desatentos ou ocupados com nós mesmos para nos aprofundarmos uns nos outros. Quem viu dois mascarados em um baile dançarem amistosamente e se darem as mãos sem se conhecerem para se deixarem no momento seguinte e não mais se verem nem terem saudades, pode fazer idéia do que é o mundo. (330)

Não se consegue louvar uma mulher nem um autor medíocre tanto quanto eles próprios se louvam. (360)

Para os fracos a razão é quase impotente. (379)

A liberdade é incompatível com a fraqueza. (391)

A utilidade da virtude é tão manifesta que os maus a praticam por interesse. (402)

Um pouco de café depois das refeições faz que a gente se estime. Também às vezes uma leve brincadeira pode abater uma grande presunção. (424)

Quando ficamos velhos precisamos nos aprumar. (428)

O interesse e a preguiça anulam as promessas às vezes sinceras da vaidade. (437)

Não devemos temer demasiadamente que nos enganem. (438)

Os dons interessados são importunos. (440)

Se fosse possível dar sem perder, ainda assim se encontrariam homens inacessíveis. (441)

Os homens pensantes são opiniáticos. (448)

A natureza deu aos homens talentos diversos. Uns nascem para inventar, outros para adornar; mas o dourador atrai mais os olhares que o arquiteto. (451)

Os preguiçosos têm sempre vontade de fazer alguma coisa. (458)

Sócrates sabia menos do que Bayle: há poucas ciências úteis. (461)

Se um homem anda sempre doente e, tendo comido uma cereja, ficou constipado no dia seguinte, não há quem não lhe diga, para consolá-lo, que foi por sua culpa. (469)

O ódio dos fracos não é tão perigoso quanto a sua amizade. (475)

Quem desejasse seriamente ter ilusões ultrapassaria os seus votos. (476)

Assim como há almas volúveis que todas as paixões dominam, uma após a outra, vêem-se espíritos vivos e sem repouso que todas as opiniões arrastam sucessivamente, ou que se dividem entre os contrários, sem ousar decidir. (505)

O espírito não nos preserva das tolices do nosso humor. (513)

Quando nossa alma está cheia de sentimentos, nossos discursos estão cheios de interesse. (532)

Se os homens não se adulassem uns aos outros, dificilmente haveria sociedade. (580)

Nós nos persuadimos às vezes de nossas próprias mentiras para não ter que desmenti-las, e nos enganamos a nós mesmos para enganar os outros. (583)

Helvétius
Do espírito

A classe mais numerosa, a que pertence quase todo o gênero humano, é aquela em que os homens, atentos unicamente a seus interesses, nunca lançaram os seus olhares sobre o interesse geral. Concentrados, por assim dizer, em seu bem-estar, esses homens dão o nome de honestas apenas às ações que lhes são pessoalmente úteis. (205)

Se o universo físico se submete às leis do movimento, o universo moral não deixa de submeter-se às do interesse. O interesse é na terra o mago poderoso que modifica aos olhos de todas as criaturas a forma de todos os objetos. (206)

Quando o célebre La Rochefoucauld disse que o amor-próprio é o princípio de todas as nossas ações, como a ignorância da verdadeira significação desse termo *amor-próprio* levantou pessoas contra esse ilustre autor! Tomou-se o amor-próprio como orgulho e vaidade e imaginou-se, por conseguinte, que La Rochefoucauld colocava no vício a fonte de todas as virtudes. No entanto, era fácil perceber que o amor-próprio, ou o amor de si, não era outra coisa a não ser um sentimento gravado em nós pela natureza; que esse sentimento se transformava em cada homem em vício ou virtude, segundo os gostos e as paixões que o animavam; e que o amor-próprio, diferentemente modificado, produzia igualmente o orgulho e a modéstia. O conhecimento dessas idéias teria preservado La Rochefoucauld da censura tão repetida de que ele via a humanidade negra demais; ela a conheceu tal qual é. Concordo que a visão nítida da indiferença de quase todos os homens a nosso respeito é um espetáculo desolador para a nossa vaidade, mas, enfim, é preciso tomar os homens como são: irritar-se com os efeitos de seu amor-próprio é queixar-se dos aguaceiros da primavera, dos ardores do verão, das chuvas do outono e das geadas do inverno. (Cap. IV – "Do abuso das palavras"[2])

[...] provarei que em todo tempo, em todo lugar, em matéria de moral como em matéria de espírito, é o interesse pessoal que dita o juízo dos indivíduos, e o interesse geral que dita o das nações, que desta maneira é sempre, tanto da parte do público quanto da dos indivíduos, o amor ou o reconhecimento que louva, o ódio ou a vingança que despreza. (Cap. I – "Do espírito em relação com a sociedade"[3])

Vejo que, sem a sensibilidade à dor e ao prazer físico, os homens, sem desejos, sem paixões, igualmente indiferentes a tudo, não teriam conhecido o interesse pessoal; que,

---

2. Tradução de Nélson Aguilar.
3. Tradução de Scarlett Marton.

sem interesse pessoal, não se teriam reunido em sociedade, não teriam estabelecido convenções entre si; e que não haveria existido interesse geral e, conseqüentemente, nem ações justas ou injustas; e que, desse modo, a sensibilidade física e o interesse pessoal foram os autores de toda justiça. (Cap. IV – "Da desigual capacidade de atenção"[4])

Todo aquele que tem necessidade de dinheiro é amigo nato do posto de inspetor-geral e daquele que o ocupa. Seu nome pode ser inscrito no inventário dos móveis e utensílios pertencentes a seu cargo. É nossa vaidade que nos faz recusar o nome de amizade à amizade interessada. (Cap. XIV – "Da amizade", nota)

---

4. Tradução de Scarlett Marton.

Chamfort
Máximas e pensamentos

A melhor filosofia em face do mundo é aliar o sarcasmo do riso à indulgência do desprezo.

Quantos ilustres combatentes, quantos oficiais morreram sem haver transmitido seus nomes à posteridade, nisso menos felizes que Bucéfalo, ou mesmo que o Cão de Caça espanhol, que devorava os índios de São Domingos e recebia a paga de três soldados.

Nas grandes coisas os homens se mostram como lhes convém; nas pequenas, como são.

Os homens tornam-se pequenos ao se assemelharem; como os diabos de Milton, que foram obrigados a virar Pigmeus para entrar no Pandemônio.

Todo processo pode-se perder ou ganhar, e tanto vale apostar a favor quanto contra; do mesmo modo, qualquer opinião, qualquer asserção, por mais ridícula que seja, se dela se fizer matéria de confronto entre partidos diferentes em uma corporação ou assembleia, pode alcançar a maioria dos sufrágios.

Convenhamos: para ser feliz vivendo no mundo há lados da alma que é preciso *paralisar* inteiramente.

A fortuna e o hábito que a rodeia fazem da vida uma representação no meio da qual é preciso, com o passar do tempo, que o homem mais honesto se torne comediante mesmo sem o querer.

No moral como no físico tudo é misturado. Nada é uno, nada é puro.

Quando já estamos bastante atormentados e fatigados por nossa própria sensibilidade, percebemos que é necessário viver o dia-a-dia, esquecer muito, enfim passar uma esponja na vida à medida que ela se esvai.

A sociedade é composta de duas grandes classes: os que têm mais jantares que apetite, e os que têm mais apetite que jantares. [*A tradução deste pensamento foi feita por Machado de Assis.*]

Vendo às vezes as safadezas dos pequenos e as bandidagens dos grandes, somos tentados a olhar a sociedade como um bosque infestado de ladrões, dos quais os mais perigosos são os arqueiros [*agentes de polícia no Antigo Regime*] encarregados de prendê-los.

À medida que a Filosofia faz progressos, a estupidez redobra seus esforços para estabelecer o império dos preconceitos.

O público atual é como uma tragédia moderna: absurdo, atroz e pífio.

Há séculos em que a opinião pública é a pior das opiniões.

A sociedade, os círculos, o que se chama *mundo*, é uma peça miserável, má ópera, sem interesse, que se sustenta um pouco pela carpintaria e pela decoração.

É o gracejo que deve justiçar todas as mazelas da sociedade. É por ele que evitamos nos comprometer. É por ele que pomos tudo no lugar sem sair do nosso. É ele que atesta nossa superioridade sobre as coisas e as pessoas de que zombamos, sem que estas possam ofender-se, a não ser que lhes faltem bom humor ou boas maneiras. A reputação de saber lidar com essa arma dá ao homem de classe inferior na sociedade e na melhor companhia esta espécie de consideração que os oficiais têm por aqueles que manejam superiormente a espada. É uma forma de duelo em que não há sangue derramado, e que torna os homens mais ponderados e mais polidos.

Todo benefício que não é grato ao coração é odioso. É um despojo ou um osso de morto. Será mister enterrá-lo ou calcá-lo com os pés.

Os benfeitores desastrados já foram comparados à cabra que se deixa ordenhar e que, por estouvamento, derruba com um golpe de pata a vasilha que ela encheu com seu leite.

As amizades, na sua maior parte, são ouriçadas de *se* e de *mas*, e resultam em simples ligações, que subsistem à força de subentendidos.

Tudo é igualmente vão nos homens, suas alegrias e mágoas; mas é sempre melhor que a bolha de sabão seja de ouro ou azul do que negra ou cinzenta.

Retirai do amor o amor-próprio, restará pouca coisa. Uma vez purgado da vaidade, o amor é um convalescente debilitado que mal se pode arrastar.

Um médico dizia: "Só os herdeiros pagam bem."

Poder-se-ia escrever um breve capítulo que seria intitulado:
"*Dos vícios necessários à boa sociedade*". E acrescentar o capítulo das *qualidades medíocres*".

Observando o grande número de deputados à Assembléia Nacional de 1789, e todos o preconceitos de que estava forrada a maioria, pode-se dizer que eles os tinham destruído tão-só para retomá-los, como aqueles que abatem um edifício para se apropriarem dos escombros.

Os pobres são os negros da Europa.

Há uma melancolia que condiz com a grandeza de espírito.

MATIAS AIRES
*Reflexões sobre a vaidade dos homens**

A vaidade, por ser causa de alguns males, não deixa de ser princípio de alguns bens: das virtudes meramente humanas, poucas se haviam de achar nos homens, se nos homens não houvesse vaidade: não só seriam raras as ações de valor, de generosidade, e de constância, mas ainda estes termos, ou palavras, seriam como bárbaros e ignorados totalmente. Digamos que a vaidade as inventou. (8)

Não há gosto, nem desgosto grande, naquilo em que a imaginação não tem a maior parte, e a vaidade empenho. (12)

[...] a malícia é uma espécie de arte natural, que se compõe de combinações, e conseqüências, e neste sentido a malícia é uma virtude política. (16)

Só a vaidade sabe dar existência às coisas que a não têm, e nos faz idólatras de uns nadas, que não têm mais corpo

---
* Respeitou-se a pontuação do texto da 2ª edição da Martins Fontes Editora, de 2004.

que o que recebem do nosso modo de entender, e nos induz a buscarmos esses mesmos nadas, como meios de nos distinguir; sendo que nem Deus, nem a natureza nos distinguiu nunca. (49)

A ingratidão não consiste só no esquecimento do favor, mas também em sua aversão oculta, que temos a quem nos obrigou, por isso quando o vemos, e encontramos, sempre é com nosso pesar, e desagrado. Insensivelmente se forma uma espécie de divórcio entre quem recebe um favor e quem o faz; este por vaidade afeta o não lembrar-se do benefício feito, aquele tem pejo de haver-se esquecido dele [...] (62)

Há porém na vaidade a diferença, que tudo o que se faz por vaidade queremos que se veja, que se diga, e que se saiba; então é fortuna a publicidade, se é que não nos parece que o mundo inteiro não basta para testemunha: daqui vem que um furor heróico até chega a invocar o céu e a terra, para estarem atentos a uma ação: como tudo se faz pelo estímulo da vaidade, por isso se julga perdida uma façanha que não tem quem a divulgue; como se um ato generoso consistisse mais em se saber do que se obrar. (68)

Tirada a insígnia, o que fica é um homem simples; despida a toga consular, também fica o mesmo. Se tirarmos do capitão a lança, o casco de ferro e o peito de aço, não havemos de achar mais do que um homem inútil e sem defesa, e por isso tímido e covarde. Os homens mudam todas as vezes que se vestem; como se o hábito infundisse uma nova natureza: verdadeiramente não é o homem o que muda, muda-se o efeito que faz em nós a indicação do hábito. Debaixo de um apresto militar concebemos um guerreiro valoroso, debaixo de uma vestidura negra e talar, o que se nos afigura é um jurisconsulto rígido e inflexível; debaixo de um semblante descarnado e macilento, o que descobrimos é um austero anacoreta. O homem não vem ao mundo mostrar o que é, mas o que parece; não vem feito, vem fazer-se; finalmente não vem ser homem, vem ser um homem graduado, ilustrado, inspirado; de sorte que os atributos com que a vaidade veste ao homem são substituídos no lugar do mesmo homem; e este fica sendo como um acidente superficial, e estranho: a máscara que encobre, fica identificada, e consubstancial à coisa encoberta; o véu que esconde, fica unido intimamente à coisa escondida; e assim não olhamos para o homem; olhamos para aquilo que o cobre, e que o cinge; a guarnição é a que faz o homem, e a este homem de fora é a quem se dirigem os respeitos e atenções; ao de dentro não; este despreza-se como uma coisa comum, vulgar e uniforme em todos. A vaidade e a fortuna são as que governam a farsa desta vida; cada um se põe no teatro com a pompa com que a fortuna e a vaidade o põem; ninguém escolhe o papel; cada um recebe o que lhe dão. (79)

Somos formados de inclinações opostas entre si, e temos em nós uma propensão oculta, que sobre a aparência de buscar os objetos, só procura neles a mudança. A inconstância nos serve de alívio, e desoprime, porque a firmeza é como um peso, que não podemos suportar sempre, por mais que seja leve: e com efeito como podem as nossas idéias serem fixas, e sempre as mesmas, se nós sempre vamos sendo outros? Tudo nos é dado por um certo tempo; em breves dias, e em breves horas se desvanece a razão da novidade, que nos fazia apetecer; fica invisível aquele agrado, que nos tinha induzido para desejar. (81)

Assim que entramos no mundo, entramos também a defender a nossa opinião; neste combate se passa inteiramente a vida: a guerra do entendimento não tem fim senão conosco; guerra feliz em que ninguém fica vencido, ou ao menos em que ninguém crê que o foi, e em que cada um pela sua parte canta a vitória! A razão nos arma contra a razão mesma; cada um cuida que a tem por si, que a vê, que a toca e que a conhece; sendo que, quase sempre, o que temos por razão não é mais do que uma sombra dela, e ainda essa mesma sombra é tão escura, e escondida, que quando a encontramos, é mais por sorte que por experiência, e mais por acaso que por estudo. O ter ou não ter razão é verdadeiramente a guerra em que se passam os nossos dias e os nossos anos. (120)

E com efeito em que se acordam os sábios? Qual é a doutrina em que todos concordam, qual é o sistema em que todos convêm, ou qual é o princípio em que todos se fundam? Só a vaidade é certa em todos. Não há furor a que um homem se não entregue, só pela vaidade de ser cabeça de um dogma, ou de uma opinião. (126)

ENCYCLOPÉDIE
edição de 1765

Interesse – Pascal e La Rochefoucauld, cujas obras corriam de mão em mão, acostumaram insensivelmente o público francês a tomar a mal o termo amor-próprio. Não é senão neste século XVIII que alguns poucos homens começam a não mais associá-lo necessariamente às idéias de vício e de orgulho.

Adam Smith
A riqueza das nações

Não é da benevolência do açougueiro, do fabricante de cerveja ou do padeiro que esperamos nosso alimento, mas da sua preocupação com o seu próprio interesse. Dirigimo-nos não à sua humanidade, mas à sua auto-estima, e nunca lhe falamos de nossas próprias necessidades, senão de suas vantagens.

Leopardi
Pensamentos

O que se diz comumente, que a vida é uma representação cênica, verifica-se sobretudo no fato de que o mundo fala constantemente de um modo e age constantemente de outro. (23)

Ou me engano, ou é raro em nosso tempo uma pessoa muito louvada cujos louvores não tenham começado pela sua própria boca. (24)

Não há homem notoriamente malvado que, saudando-nos cortesmente, não nos pareça menos malvado do que o julgávamos antes. (25)

Não há sinal maior de ser pouco filósofo e pouco sábio do que querer sábia e filosófica toda a vida. (27)

A própria natureza é impostora com o homem e não lhe torna a vida amável ou suportável senão por meio principalmente da imaginação e do engano. (29)

Os homens são míseros por necessidade e desejam crer-se míseros por mero acaso. (31)

Muitos querem conduzir-se contigo vilmente, mas querem que tu, sob pena de incorreres no seu ódio, sejas tão cordato que não impeças a sua vileza nem os reconheças por vis. (36)

A franqueza pode ser útil quando é usada com arte ou quando, pela sua raridade, não recebe crédito. (56)

Diz La Bruyère uma coisa verdadeira: é mais fácil a um livro medíocre adquirir fama graças à reputação já alcançada pelo autor, do que um autor chegar à reputação por meio de um livro excelente. Ao que se pode acrescentar que o caminho talvez mais direto para adquirir fama é asseverar com segurança e pertinácia, de quantos modos for possível, tê-la já adquirido. (60)

No século presente acredita-se que os negros sejam pela raça e origem totalmente diferentes dos brancos, e apesar disso, absolutamente iguais a estes quanto aos direitos humanos. No século XVI, quando se acreditava que os negros tivessem a mesma raiz dos brancos e pertencessem à mesma família, sustentou-se, sobretudo entre teólogos espanhóis, que, no que toca a direitos, fossem por natureza ou vontade divina muito inferiores a nós. E tanto naquele quanto neste século os negros foram e são vendidos e comprados e forçados a trabalhar em grilhões sob o açoite. Tal é a ética; e tanto as crenças em matéria de moral têm a ver com as ações. (66)
[Data provável da redação deste pensamento: 1833.]

O homem é quase sempre tão malvado quanto precisa ser. Quando se conduz corretamente, pode-se julgar que a malvadeza não lhe é necessária. Vi pessoas de costumes dulcíssimos, inocentíssimos, cometerem ações das mais atrozes para escaparem de algum dano grave, de outro modo inevitável. (109)

Dizemos e ouvimos dizer a todo momento: *os bons antigos, os nossos bons antepassados* e *homem feito à antiga*, querendo dizer homem de bem e digno de confiança. Cada geração crê, por um lado, que os homens do passado fossem melhores que os do presente; mas, por outro lado, que os povos melhorem afastando-se, cada dia mais, do seu estado primitivo; para o qual, se retrocedessem, então sem dúvida alguma piorariam.

Preso por oficiais da justiça, um assassino que, por ser manco, não pudera fugir, disse: – Vede, amigos, que a justiça, manca embora, alcança o malfeitor, se é manco.

Negava também que o infeliz, narrando ou de algum modo demonstrando seus males, provoque maior compaixão e maior cuidado naqueles que têm com ele maior afinidade nas tribulações. Estes, aliás, ao ouvir as tuas queixas, não buscam mais do que antepor os seus males aos teus, como se fossem mais graves, esforçando-se em persuadir-te que o seu destino é menos tolerável do que o teu.

Dizia que o costume de vender e comprar homem era coisa útil ao gênero humano; e alegava que o uso de inocular a varíola veio de Circássia e Constantinopla, daí passou à Inglaterra, e desta a outras partes da Europa; na Circássia a enfermidade da varíola natural, prejudicando a vida e as formas dos meninos e dos jovens, arruinava o mercado que aqueles povos faziam das suas donzelas.

Dizia que a negligência e a desatenção são causa de se cometerem infinitas coisas cruéis ou malvadas; e muitas vezes tem aparência de maldade ou crueldade: como, por exemplo, ocorre quando um homem que, entretendo-se fora de casa em algum passatempo, deixa os seus servos ao relento encharcados debaixo de chuva; não por ânimo duro e desapiedado, mas por não pensar, ou não medir com a mente o desconforto deles.

SCHOPENHAUER
Aforismos para a sabedoria de vida

As vicissitudes de nossa vida semelham as figuras do caleidoscópio: sempre que o fazemos girar, vemos algo diverso, mas na realidade o que temos diante dos olhos é sempre a mesma coisa.

O meio habitual para criar em uma reunião um estado de alma comum é representado pelas garrafas. A este fim servem também o chá e o café.

A honra é, objetivamente, a opinião alheia sobre o nosso valor e, subjetivamente, o nosso temor dessa opinião.

Sobre o fundamento da moral

O remorso e a inquietação que muitas pessoas sentem em relação ao que fizeram não é, no fundo, outra coisa se não o temor do que lhes poderá acontecer em conseqüência de tal ação.

Muitos ficariam admirados se vissem do que se compõe a consciência moral, que lhes aparece tão imponente: cerca de um quinto de temor aos homens, um quinto de temor aos deuses, um quinto de preconceito, um quinto de vaidade e um quinto de costume; de modo que ninguém é melhor no fundo do que aquele inglês que disse francamente *"I can't afford to keep a conscience"*.

Chega a ter o seu lado cômico ver o sem-número de indivíduos que, na prática, tomam só a si mesmos como *reais*, considerando os outros como fantasmas.

A cordialidade é a negação convencional do egoísmo nos detalhes do relacionamento diário e é, por certo, uma hipocrisia que se reconhece, se exige e se louva. Porque o que ela oculta, o egoísmo, é tão torpe que não se quer vê-lo, embora se saiba que existe, como os objetos desagradáveis que se quer ver ao menos cobertos por uma cortina.

Está na ordem do dia, para a incontável multidão dos indivíduos, o *"bellum omnium contra omnes"*. (Hobbes, *Leviatã*, I, 13)

Goethe estava certo ao dizer que neste mundo a indiferença e a aversão estão em casa (*Afinidades eletivas*, I, 3). É muito bom para nós que a prudência e a polidez cubram a malevolência com seu manto e não nos deixem ver como ela é geral e como faz progredir, ao menos em pensamento, o *"bellum omnium contra omnes"*.

Há em suma apenas *três motivações fundamentais* das ações humanas, e só por meio do estímulo delas é que agem todos os outros motivos possíveis. São:

(a) egoísmo, que quer seu próprio bem (é ilimitado);
(b) maldade, que quer o mal alheio (chega até a mais extrema crueldade);
(c) compaixão, que quer a felicidade alheia (chega até a nobreza moral e a generosidade).

Esta mesma compaixão [natural] é um fato inegável na consciência humana, é-lhe essencialmente própria e não repousa sobre pressupostos, conceitos, religiões, dogmas, mitos, educação e cultura, mas é originária e imediata e, estando na própria natureza humana, faz-se valer em todas as relações, mostra-se em todos os povos e tempos. Do mesmo modo, a palavra "humanidade" é muitas vezes usada como sinônimo de compaixão.

Nossa propriedade é herdada, adquirida pelo casamento, ganha na loteria ou, mesmo quando não é assim, não é de fato adquirida com o próprio trabalho e suor do rosto, mas com pensamentos e idéias astutas, por exemplo, na especulação, e também através de idéias tolas que, por intermédio do acaso, "*deus eventus*" coroou ou glorificou.
Em contrapartida, o *pobre* que se vende por pouco e que se vê condenado, por causa da desigualdade de posses, à penúria e ao trabalho pesado, enquanto outros vivem diante de seus olhos na abundância e na ociosidade, bem dificilmente reconhecerá que no fundamento desta desigualdade esteja uma desigualdade correspondente de méritos e de ganhos honestos.

Não há maior contraste do que aquele que existe entre o grande e exclusivo interesse que cada um toma por seu próprio eu e a indiferença com que, via de regra, os outros consideram aquele mesmo eu; do mesmo modo como este, o dos outros. Tem até mesmo um lado cômico o fato de ver os incontáveis indivíduos que, pelo menos no aspecto prático, tomam-se só a si mesmos por *reais*, considerando os outros como fantasmas.

A compaixão para com os animais liga-se tão estreitamente com a bondade de caráter que se pode afirmar, confiantemente, que quem é cruel com os animais não pode ser uma boa pessoa. Também esta compaixão mostra-se como tendo surgido da mesma fonte, junto com aquela virtude que se exerce em relação aos seres humanos.

(Citando Rousseau): "Com efeito, como nos deixamos comover até à piedade senão nos transportando fora de nós e nos identificando com o animal sofredor; deixando, por assim dizer, nosso ser, para assumir o seu? Sofremos só enquanto julgamos que ele sofre; não é em nós, é nele que nós sofremos" (*Emílio*, Livro IV).

As três motivações morais dos homens, o egoísmo, a maldade e a compaixão, estão presentes em cada um numa relação incrivelmente diferente.

De acordo com essa diferença inacreditavelmente grande, inata e originária, cada qual só será estimulado predominantemente pelos motivos para os quais tem uma sensibilidade preponderante, do mesmo modo que um corpo só reage aos ácidos, os outros só aos álcalis; e, da mesma forma que este, também aquele não muda. Os motivos caritativos, que são estímulos tão poderosos para os caracteres bons, não podem nada em relação àquele que só é sensível para os motivos egoístas. Se se quiser, no entanto, levá-los a ações caritativas, isso só pode acontecer por meio da miragem de que o alívio do sofrimento alheio leve imediatamente, por certos caminhos, à sua própria vantagem.

Racional e vicioso podem unir-se bastante bem, e é só pela sua união que se tornam possíveis os crimes maiores e de ampla repercussão. Assim também irracional e generoso ficam bastante bem juntos.

É manifesto que a abstração nada mais é do que o deixar de lado determinações não necessárias para um certo alvo, portanto as diferenças individuais e específicas; por exemplo, quando abstraio o que é próprio à ovelha, ao boi, à cabra e ao camelo etc. e assim chego ao conceito de ruminante. Nessa operação as representações perdem a intuitividade, e mesmo os conceitos, como representações abstratas, não intuitivas, precisam agora de palavras para poderem fixar-se e estar presentes na consciência.

O jargão costumeiro sobre justiça entre os povos é reconhecidamente um mero estilo de chancelaria dos diplomatas, mas quem decide é a força bruta. Pelo contrário, a justiça autêntica, isto é, não forçada, acontece por certo, sempre, só como exceção àquela lei natural.

Este *egoísmo*, que, aliás, possuímos abundantemente, e que para esconder como nossa *"partie honteuse"*, inventamos a *cordialidade*, mostra-se através de todos os véus que o recobrem pelo fato de que buscamos em cada pessoa que nos aparece, como que por instinto, em primeiro lugar, apenas um *meio* possível para nossos sempre inúmeros *fins*. Por ocasião de cada novo conhecimento é, na maioria das vezes, nosso primeiro pensamento se essa pessoa não poderia tornar-se-nos útil para algo, e, se ela *não* o pode, então é, para muitos, logo que estiverem disto convencidos, propriamente *nada*. [...] quem, ao ser perseguido por inimigos, pergunta apavorado a algum vendedor ambulante por um atalho, pode ter a experiência de que este lhe replique perguntando-lhe se não precisa comprar alguma coisa.

Nota bibliográfica

As citações da obra de Machado de Assis foram tiradas da *Obra completa* organizada por Afrânio Coutinho (Rio de Janeiro, Aguilar, 1971).

As passagens do Eclesiastes e do Livro de Jó foram extraídas da *Bíblia de Jerusalém* e cotejadas com a versão clássica de Antônio Pereira de Figueiredo.

De Maquiavel escolhi a edição de *Il principe* da editora Antonio Vallardi (Milão, 1953). [Trad. bras. *O princípe*, São Paulo, Martins Fontes, 2004.]

Traduzi Pascal a partir da edição das *Oeuvres complètes* publicadas na Bibliothèque de la Pléiade (Paris, Gallimard, 1954). A numeração dos pensamentos deve-se a Jacques Chevalier. [Trad. bras. *Pensamentos*, São Paulo, Martins Fontes, 2001.]

Para os textos de La Rochefoucauld e de Vauvenargues, vali-me da edição dos Clássicos Garnier que reúne as *Réflexions ou sentences et maximes morales* do primeiro e as *Oeuvres choisies* do segundo.

La Bruyère, *Les caractères*, Paris, Garnier, [1948].

Quanto a Helvétius: a tradução brasileira dos seus escritos principais se encontra no volume da coleção Os Pensadores da editora Abril (2ª ed., 1984); os nomes dos tradutores estão consignados em notas de pé de página.

Matias Aires: consultei a edição que a Martins Fontes fez das *Reflexões sobre a vaidade dos homens*.

De Schopenhauer vali-me de duas obras: *Aforismi per una vita saggia*, trad. de Bettino Betti, Milão, Rizzoli, 1993 [trad. bras. *Aforismos para a sabedoria de vida*, São Paulo, Martins Fontes, 2002]; e *Sobre o fundamento da moral*, trad. de M. Lúcia Cacciola, São Paulo, Martins Fontes, 1995.

Nota do autor

Dos textos aqui reunidos o primeiro e o último são recentes e inéditos. O *enigma do olhar* foi escrito no segundo semestre de 1997 e expõe algumas das perplexidades que a releitura do romance machadiano ainda suscita neste seu leitor contumaz.

Os outros dois trabalhos foram redigidos quase contemporaneamente nos fins dos anos 70.

O texto de *A máscara e a fenda* conheceu mais de uma versão; volto aqui, com algum retoque, à primeira delas, que serviu de prefácio à antologia de contos de Machado de Assis publicada pela Coleção Ayacucho, e que me fora pedida, em 1976, pelo saudoso crítico Angel Rama.

Quanto a *Uma figura machadiana*, integrou o livro *Esboço de figura* composto em homenagem a Antonio Candido por ocasião do seu sexagésimo aniversário. Trata-se da síntese de um curso sobre *Memorial de Aires* que ministrei na Universidade de São Paulo.

A.B.

Nota à 4.ª edição

A presente edição foi inteiramente revista pelo autor. Ao capítulo "Materiais para uma genealogia do olhar machadiano" foi acrescentada uma seleção de máximas e pensamentos de Chamfort.

A.B., 2006